数学文化彩虹桥 ④

扫码听课
轻松学练

● 陈加仓　包含丽 / 主编
● 谷尚品　符玲利 / 副主编
● 谷尚品　雷祖听　郑冬冬　郑　淑 / 编著

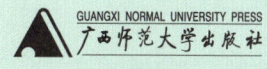

广西师范大学出版社
·桂林·

数学文化彩虹桥 4
SHUXUE WENHUA CAIHONG QIAO 4

策　　划：敖登格日乐
责任编辑：田　莉
责任技编：王增元
封面设计：卜翠红
内文版式：叶晓丽

图书在版编目（CIP）数据

数学文化彩虹桥. 4 / 陈加仓，包含丽主编.
桂林：广西师范大学出版社，2024.9. -- ISBN 978-7-5598-7447-4
Ⅰ. G624.503
中国国家版本馆 CIP 数据核字第 2024B5583X 号

广西师范大学出版社出版发行
（广西桂林市五里店路 9 号　邮政编码：541004）
　网址：http://www.bbtpress.com
出版人：黄轩庄
全国新华书店经销
北京汇瑞嘉合文化发展有限公司印刷
（北京市北京经济技术开发区荣华南路 10 号院 5 号楼 1501　邮政编码：100176）
开本：787 mm × 1 092 mm　1/16
印张：13.5　　字数：135 千
2024 年 9 月第 1 版　　2024 年 9 月第 1 次印刷
定价：48.00 元

如发现印装质量问题，影响阅读，请与出版社发行部门联系调换。

序 言

　　《数学文化彩虹桥》丛书是一套适合小学一至六年级学生进行数学学习、探究、阅读的图书，共6册。其中1至3册每册24个主题，4至6册每册28个主题，共156个主题。这套书集聚温州大学城附属学校的数学教育成果以及温州大学华侨网络学院华文教育的研究优势，每一个主题均选自陈加仓名师工作室团队为温州大学华侨网络学院学生量身定制的课程。书中将古诗词、二十四节气、神话故事、爱国主义精神等中华文化元素融入数学教学中，相应课程一经推出，便得到了海外华文学校师生的高度认同。

　　著名数学家谷超豪曾说："人言数无味，我道味无穷。"《数学文化彩虹桥》丛书就是一套能让孩子感受数学魅力，增加探究兴趣，从阅读中体悟数学的趣味和中华传统文化的图书，能让孩子对数学知识产生浓厚的求知欲。这一特点体现在设问上，如"雪花长什么样子，你能画出来吗？雪花中还藏着哪些秘密？"一朵雪花就能带着孩子品味数学的魅力；再如"我能猜出你心中的数，你信吗？"一句话就能轻松调动孩子的好奇心。好奇心是孩子学习过程中最好的老师，它将带着孩子走向数学研究的深处。

该丛书是一套有具体情境、实际问题、可操作记录的读物，让孩子在"读玩做合一"的理念下进行数学探究活动，感受数学文化中蕴含的深奥内容、游戏中包含的深刻道理。

我们期盼，这套丛书能成为孩子课堂内外的学习材料、家庭教育的辅助参考、教师教学的有益资源，促进孩子在数学学习上的发展。总而言之，三言两语说不完《数学文化彩虹桥》丛书多有趣，只有亲临其中，展开阅读、思考、探索和实践，和书中的人物积极对话，你才能感受数学知识文化有多丰富，智慧营养价值有多高。

小朋友们，快来阅读吧！相信在阅读本书之后，你会对数学有一种全新的认识，会产生浓厚的兴趣，进而获得知识，提高能力。

愿你们眼里总有星辰大海，不负时光，勇往直前！

主编

2024 年 9 月

人物介绍

熊猫

性格特点：积极乐观、招人喜欢

兴趣爱好：吃竹笋、卖萌、睡觉和给小朋友提问题

博士

性格特点：温和、睿智、博学多才

兴趣爱好：研究问题，总结规律，探寻事物的本质

华华

性格特点：乐观开朗、积极向上

兴趣爱好：踢足球、打羽毛球、编程、读书

佳佳
性格特点：善良温和、有责任感
兴趣爱好：喜欢小动物、热心公益、弹古筝、写书法

慧慧
性格特点：独立自信、活泼开朗
兴趣爱好：下围棋、做手账、看电影、读书

侨侨
性格特点：聪明机灵、勇敢正直
兴趣爱好：攀岩、拼搭玩具、问问题、思考

融融
性格特点：可爱懂事、善解人意
兴趣爱好：跟小朋友做游戏、听妈妈讲故事、游泳

目 录

1. 轴对称图形 … 1
2. 巧妙的加法 … 7 
3. 二十四节气 … 12
4. 巧数图形 … 18
5. 相遇问题 … 26
6. 变化中的图形周长 … 35
7. 空瓶换果汁 … 43
8. 长绳测井深 … 50
9. 高斯求和 … 56 
10. 怎么剪最多 … 63
11. 巧求面积 … 71
12. 正方形的个数问题 … 77
13. 寻找最大的积 … 83
14. 数字华容道 … 90
15. 有意思的平方差 … 98

16. 数字搭配问题 ……………………… **105**

17. 蚂蚁分家 …………………………… **112**

18. 神奇的数字黑洞 …………………… **119**

19. 神奇的 142857 ……………………… **126**

20. 购票学问多 ………………………… **135**

21. 棋盘游戏 …………………………… **141**

22. 小蜜蜂爬蜂房 ……………………… **148**

23. 神奇的数阵 ………………………… **156**

24. 移多补少再研究 …………………… **163**

25. 有趣的展开图 ……………………… **168**

26. 周长与面积 ………………………… **174**

27. 有趣的回文算式 …………………… **180**

28. 闰年与闰月 ………………………… **187**

参考答案 ………………………………… **197**

1 轴对称图形

扫码听讲解

数学真奇妙  同学们,你们知道我国的剪纸艺术吗?

一起来交流

 当然,我们中国人真的特别厉害呢!

  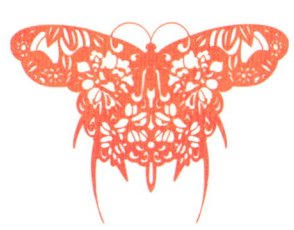

哇,这些居然都是轴对称图形!

 什么是轴对称图形?轴对称图形都有哪些?

一个图形沿着一条直线对折后两部分完全重合,这样的图形就叫作轴对称图形。这条直线就叫作对称轴。正方形、长方形等都是轴对称图形。

找一找 下面这些图形的对称轴分别有几条？

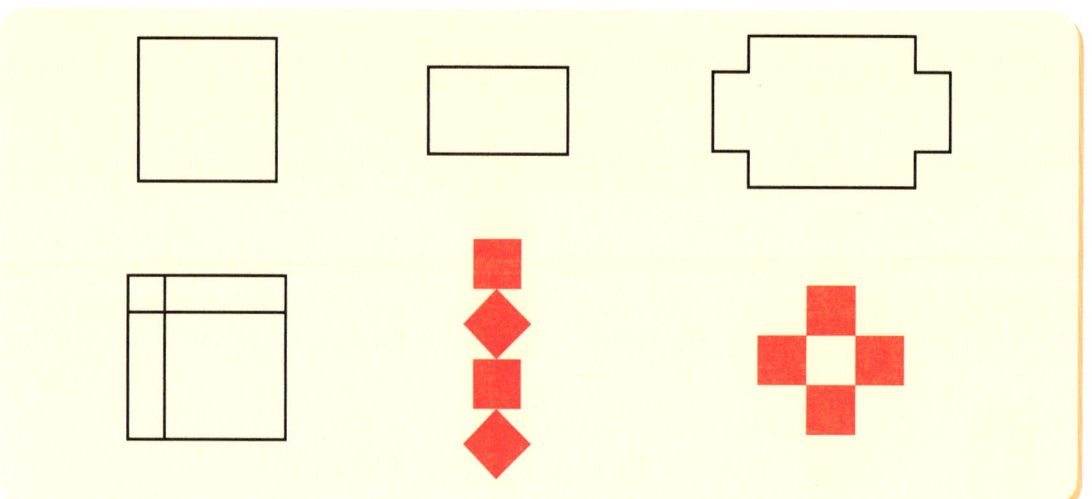

  同学们，你们找对了吗？下面我们继续来学习轴对称图形吧！

动手操作

1. 如图（1），这个由三个小正方形组成的组合图形是轴对称图形吗？如果是，对称轴在哪？（找一找，画一画）
2. 请在图（2）中增加一个大小一样的小正方形，使它还是轴对称图形。（画一画）

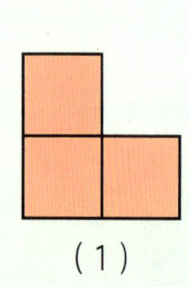
（1）

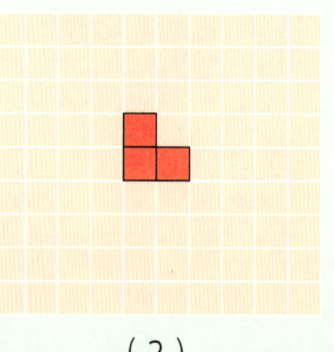
（2）

1. 轴对称图形

 ❶ 我来找。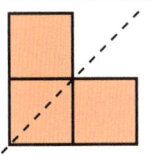

❷ 我来画。　　　　　我还能画。

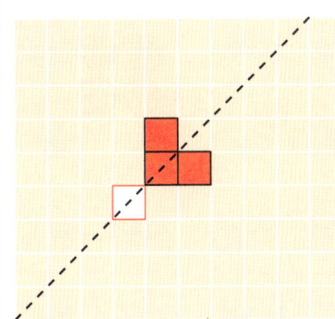 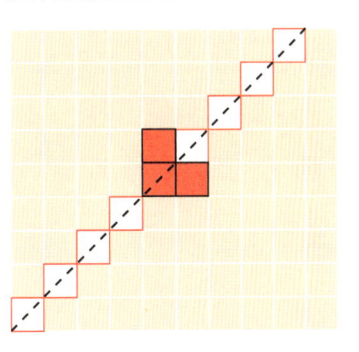

 哇，我发现：如果没有格子的限制，那么我们可以一直在这条对称轴上画下去。

慧慧的发现对吗？

 下面的图形是轴对称图形吗？

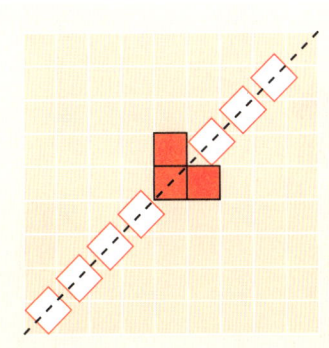 是轴对称图形。只要将它沿着对称轴对折，两边能完全重合。

神奇大揭秘

同学们，通过前面的讲解，你们发现了什么？一起来看看。

动手操作

请在右面两图中分别增加一个大小一样的小正方形，使它们还是轴对称图形。增加的小正方形可以在什么位置？

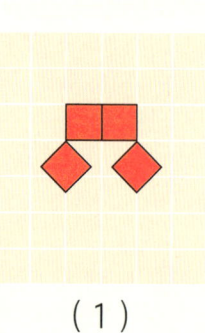
（1）

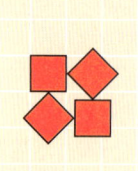
（2）

一起来交流

看我的。

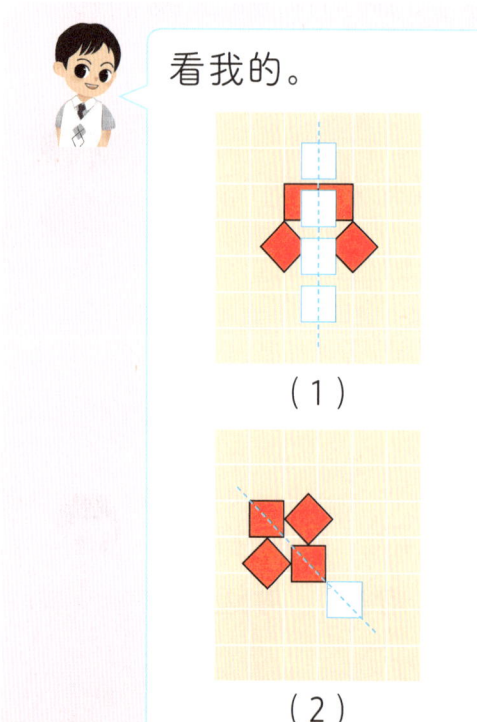

（1）

（2）

我也会。

（1）

（2）

1. 轴对称图形

 你们真是太棒了！这些正方形的位置有什么共同的特点呢？

 在下图中再添加一个圆，使它还是轴对称图形。你觉得可以添在哪里？

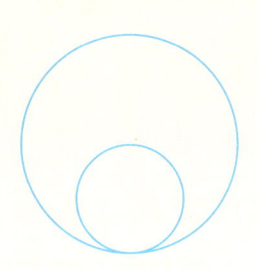

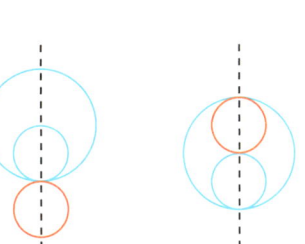 我会，我来做。看，添在上面、下面都可以。

 只要所添图形的对称轴与原来图形的对称轴完全重合，就可以和原来的图形组合成轴对称图形了。

知识我会用  同学们，前面讲的方法你们都学会了吗？我来考考你。

请在下面的图中去掉一个□，使它们还是轴对称图形。（用你喜欢的颜色涂一涂）

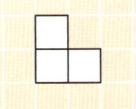 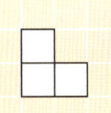

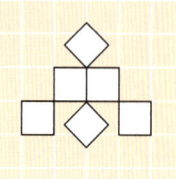 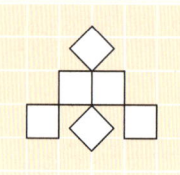 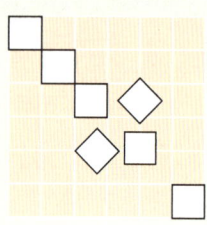

 智慧小链接

同学们，"对称"到底有什么魅力呢？一起来看看吧。

我们生活在一个充满对称的世界里。晶莹的雪花、色彩斑斓的蝴蝶双翼……都让我们感受到对称之美。鸟类、兽类以及昆虫的形体结构都是左右对称的，这是为什么呢？原来对称的形体是动物生存的需要，只有这样才能跑得快、飞得高。大多数建筑物采用对称的布局，在外观上能彰显其庄重性，在受力上又有利于实现力的均衡。

对称美不仅存在于物体外观上，更融入了生活的方方面面。比如古时的陶器、瓷器等，大都遵循着对称这一理念；生活中我们住的房子、门、窗等也多是对称的；甚至有些古代诗歌中也常常有对称。

2 巧妙的加法

扫码听讲解

数学真奇妙  同学们,你们会正确计算由 3 个不同数字组成的所有三位数的和吗?

一起来交流

这是我们学过的知识,很简单!

里面包含很多有意思的规律哦。我们一起来找找看!

动手来探究  同学们,那我们就选 3 个数字,一起来探究一下吧。

动手操作

用 3、4、5 这 3 个数字可以组成哪些三位数?这些三位数的和是多少?

> 用这 3 个数字可以组成 6 个三位数，它们分别是 345、354、435、453、534、543。

> 我是先算前面两个数的和，再一个数一个数地加，得到它们的和是 2664。计算过程是这样的：
> 345＋354＝699，699＋435＝1134，1134＋453＝1587，1587＋534＝2121，2121＋543＝2664。

> 我把这 6 个三位数一起列竖式计算，得到它们的和也是 2664。

```
  3 4 5
  3 5 4
  4 3 5
  4 5 3
  5 3 4
+ 5 4 3
-------
 2 6 6 4
```

> 观察竖式的计算过程，你能发现什么规律？

> 我发现，个位上的 3 个数字（3、4、5）与十位、百位上的数字都相同；每个数位上的 6 个数都是两个 3、两个 4、两个 5，而且这 6 个数的个位上数字的和是 24，十位上数字的和也是 24，百位上数字的和还是 24。

2. 巧妙的加法

神奇大揭秘

同学们,你们知道这其中有什么规律吗?快来看看吧。

一起来交流

其实,计算这6个数的和,就是求24个1、24个10、24个100的和。可以像列乘法竖式那样,240个位上的0、2400个位与十位上的0都可以省略不写。

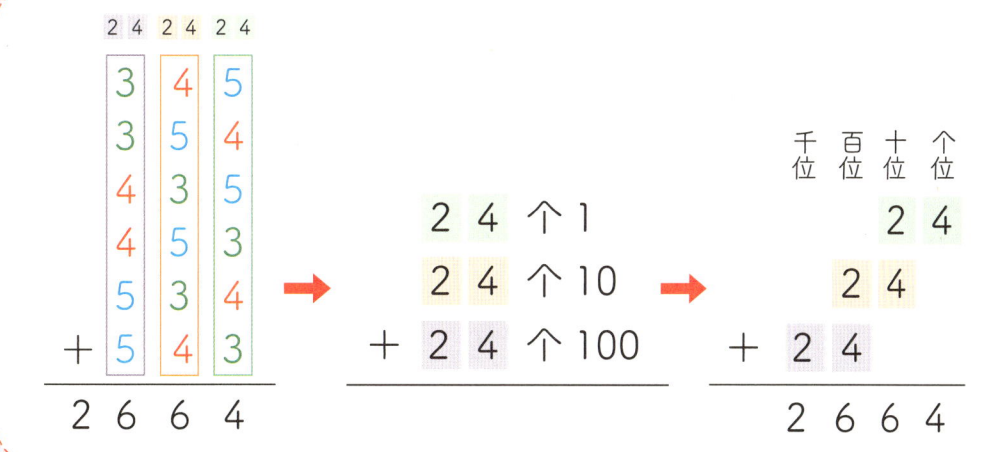

动手操作

再选3个数字试试。用2、4、6这3个数字可以组成哪些三位数?这些三位数的和是多少?

一起来交流

因为 3＋4＋5＝2＋4＋6，两组数的和相等，所以由 3、4、5 和 2、4、6 组成的两组三位数的个位、十位、百位上各个数字的和也是相等的，因此所组成的三位数的和相等。

答案与上题是一样的，都是 2664 呢！答案为什么是相同的呢？

好神奇啊！那还有哪 3 个不同数字组成的所有三位数的和也是 2664 呢？

我发现，只要 3 个数字的和是 12 即可。先确定 1 个数字是 9，再确定 1 个数字是 8，按顺序找下去更方便。如 9、1、2；8、1、3；7、1、4；7、2、3；6、1、5；6、2、4；5、4、3。

你们真厉害！这样的方法可以做到有序思考，既不重复也不遗漏。

2. 巧妙的加法

知识我会用

同学们,前面讲的方法你们都学会了吗?我来考考你。

❶ 用 3、6、9 这 3 个数字组成的所有三位数的和是多少?

❷ 用 4、5、0 这 3 个数字组成的所有三位数的和是多少?

智慧小链接

同学们,类似这样的问题,你们还会解决吗?来试试吧。

已知由 3 个数字组成的 6 个不同的三位数的和是 1554,那这 3 个数字分别是多少?

3 二十四节气

扫码听讲解

数学真奇妙  同学们,你们知道二十四节气吗?快来看看吧。

一起来交流

 我知道二十四节气中有清明和秋分。

除了这两个节气,还有二十二个呢。我们一起来学学二十四节气吧!

二十四节气
立春、雨水、惊蛰、春分、清明、谷雨;
立夏、小满、芒种、夏至、小暑、大暑;
立秋、处暑、白露、秋分、寒露、霜降;
立冬、小雪、大雪、冬至、小寒、大寒。

 每个节气均有其独特的含义,二十四节气准确地反映了自然节律的变化,在人们的日常生产生活中发挥了极为重要的作用。二十四节气指导着农耕生产,蕴含着丰厚的文化内涵,是中华民族悠久历史文化的重要组成部分。

3. 二十四节气

你们知道吗？2016年11月30日，我国的二十四节气被正式列入联合国教科文组织人类非物质文化遗产代表作名录呢。

 春、夏、秋、冬，始于立春，终于大寒。在国际气象界，二十四节气被誉为"中国的第五大发明"。

动手来探究  二十四节气里藏着什么秘密呢？我们一起来探究。

我会探究 请圈出2023年和2024年的二十四节气，找一找它们分别所在的日期，你有什么发现？

2023年癸卯年兔年日历表

2024年甲辰年龙年日历表

[日历表：2024年1月至12月]

可以放在表格里看一看。

季节	春			夏			秋			冬		
月份	2月	3月	4月	5月	6月	7月	8月	9月	10月	11月	12月	1月
节气	立春	惊蛰	清明	立夏	芒种	小暑	立秋	白露	寒露	立冬	大雪	小寒
	雨水	春分	谷雨	小满	夏至	大暑	处暑	秋分	霜降	小雪	冬至	大寒

一年有四季，春、夏、秋、冬各三个月，每个月两个节气，每相邻的两个节气之间相差15天左右。

神奇大揭秘

 同学们,要记住二十四节气可是有口诀的哦!

一起来交流

季节	春			夏			秋			冬		
月份	2月	3月	4月	5月	6月	7月	8月	9月	10月	11月	12月	1月
节气	立春	惊蛰	清明	立夏	芒种	小暑	立秋	白露	寒露	立冬	大雪	小寒
	雨水	春分	谷雨	小满	夏至	大暑	处暑	秋分	霜降	小雪	冬至	大寒

春雨惊春清谷天,
夏满芒夏暑相连。
秋处露秋寒霜降,
冬雪雪冬小大寒。
每月两节不变更,
最多相差一两天。
上半年来六廿(niàn)一,
下半年是八廿三。

 后两句说的是:上半年的节气多集中于每月的六日和二十一日附近,下半年则多集中于每月的八日和二十三日前后。

是的，节气在公历中的时间相对固定，最多相差一两天。《二十四节气歌》的前四句——细数这些充满诗意的节气名称，后四句直白明了地道出了节气们的"生辰八字"。

知识我会用

同学们，前面讲的你们都掌握了吗？我来考考你。

❶《二十四节气歌》中暗含了二十四节气的名称，其中有两个既是节气又是传统节日。请写出它们的名称，并选择其中一个用一句话来表达你对这个传统节日的理解。

❷ 随着城市化进程的加快和现代化农业技术的发展，二十四节气对农事的指导功能逐渐减弱，但对当代的中国人来说，二十四节气依然具有多方面的文化意义和社会功能。你能列举几项与二十四节气相关的习俗活动吗？

智慧小链接

同学们，我们来学习一下更多关于二十四节气的知识吧。

早在2000多年前的春秋时期，就有了仲春、仲夏、仲秋和仲冬的说法，也就是我们今天所说的春分、夏至、秋分和冬至。

现行的二十四节气是依据太阳在回归黄道上的位置制定的，即把太阳周年运动轨迹（一圈360°）划分为24等份，每15°为1等份，每1等份为一个节气，始于立春，终于大寒。如果把春分定为黄经0°，则二十四节气可以用下图来表示。

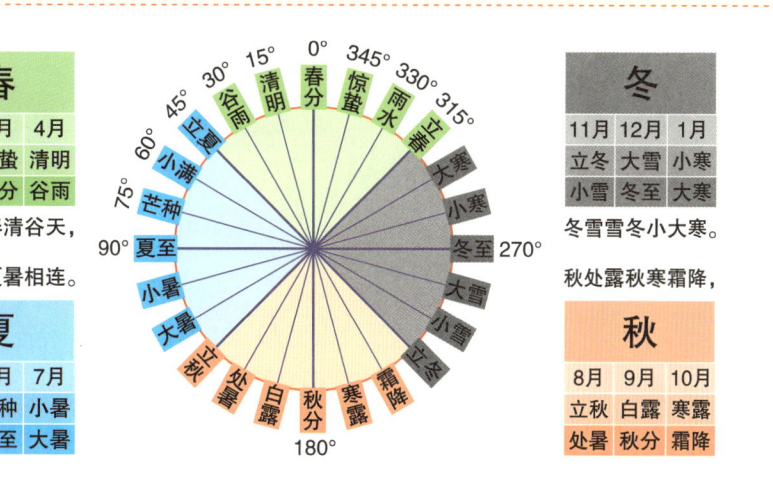

迎来春分这一节气时，整个春季被平均分成两份，春分前和春分后各占整个春季的二分之一。春分这一天昼夜平分，白天和黑夜一样长；秋分亦是如此。夏至是一年中白天最长的一天，冬至刚好相反，是一年中黑夜最长的一天。

每个节气都蕴含着丰富的知识，有兴趣的同学可以去探索更多关于二十四节气的内容哦。

4 巧数图形

扫码听讲解

数学真奇妙  同学们，我们今天来玩个"鼹(yǎn)鼠钻洞"的游戏吧。

你们听说过鼹鼠吗？鼹鼠不但喜欢钻地洞，而且喜欢在夜晚出来吃昆虫。它个头虽小，但名气很大。关于鼹鼠的电影、故事和书籍一直备受各个国家小朋友的喜爱。

动手来探究  同学们，"鼹鼠钻洞"的游戏中蕴含着有趣的数学知识哦！我们一起来探究。

动手操作

如下图所示，有 A、B、C、D 四个洞口，鼹鼠可以任选一个洞口进入，向前走，再任选一个洞口钻出来，一共有多少条路线？

让我们一起先来看看提示：
1. 想一想：从哪里进去？到哪里出来？
2. 画一画：钻洞的路线。
3. 数一数：一共有多少条路线？

我是数线段的：
基本线段有 3 条：AB、BC、CD；
（像 AB、BC、CD 这样每相邻两个点之间的线段叫作基本线段。）
由两条基本线段组成的线段有 2 条：AC、BD；
由三条基本线段组成的线段有 1 条：AD。

3＋2＋1＝6（条）

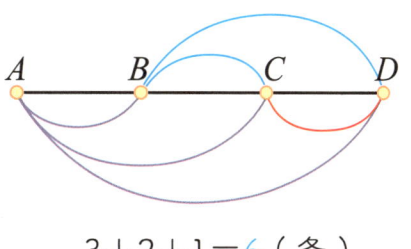

我是看点的：从点 A 出发的线段有 AB、AC、AD 3 条；从点 B 出发的线段有 BC、BD 2 条；从点 C 出发的线段有 CD 1 条。

3＋2＋1＝6（条）

慧慧和侨侨的方法有什么相同的地方吗？

他们都是按照一定的顺序去数的。"有序思考"不但可以让我们做到不重复、不遗漏，还可以提高我们解决问题的效率。

数一数

看来要解决类似的问题，我们只要会数线段或会看点就可以了。你能快速地数出下面的图中分别有几条线段吗？

A———B———C———D———E　　（　　）条
　　　　　（1）

A——B——C——D——E——F——G　（　　）条
　　　　　　（2）

一起来交流

我是数线段的：图（1），基本线段有 4 条，由两条基本线段组成的线段有 3 条，由三条基本线段组成的线段有 2 条，由四条基本线段组成的线段有 1 条，一共加起来有 10 条，算式是 4＋3＋2＋1＝10（条）。

图（2），我用的也是数线段的方法，算式是 6＋5＋4＋3＋2＋1＝21（条）。

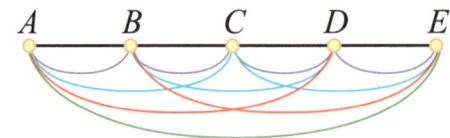

4. 巧数图形

图（1），我数出来的也是 10 条，但是方法不一样，我是从点开始数的。从 A 点出发的线段有 4 条，从 B 点出发的有 3 条，从 C 点出发的有 2 条，从 D 点出发的有 1 条，一共有 10 条，算式也是 4＋3＋2＋1＝10（条）。

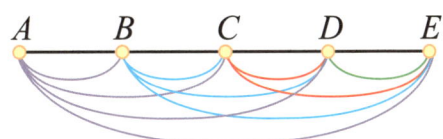

图（2），我数出来的也是 21 条，算式跟慧慧的一样，但是我用的也是从点开始数的方法。

你们真厉害！在数的方法上你有什么发现吗？

只要数出基本线段的数量，或数出从 A 点出发有几条线段，然后依次减 1 相加，一直加到 1 就可以了。

那现在变一变，你还会吗？

如下图所示，图（1）中一共有几个长方形？图（2）中一共有几个三角形？

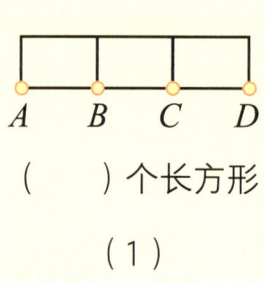

（　）个长方形

（1）

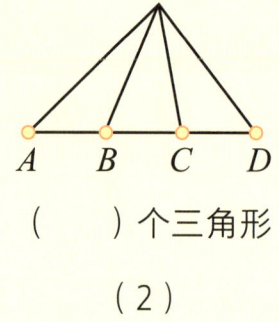

（　）个三角形

（2）

图（1），单个小长方形有 3 个，两个小长方形组成的大长方形有 2 个，三个小长方形组成的大长方形有 1 个，一共有 6 个，算式是 3＋2＋1＝6（个）。

与数线段的方法是一样的，正好一条线段对应着一个长方形。

图(2),数线段,有几条线段就有几个三角形,这里一共有 6 条线段,因此共有 6 个三角形。

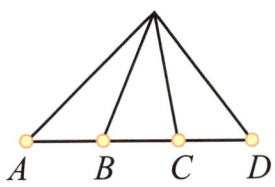

神奇大揭秘　　同学们,通过前面的讲解,你们发现了什么?一起来看看。

下面的两个图中各有几个长方形?

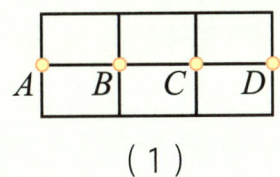
(1)

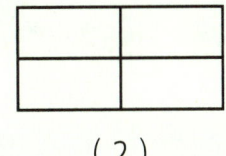
(2)

一起来交流

先来看图（1）：

方法一： 上面一行有 6 个长方形，下面一行也有 6 个长方形，上下两个基本的长方形合在一起的也有 6 个，一共 3 个 6，就是 18 个。算式是 3+2+1=6（个），6×3=18（个）。

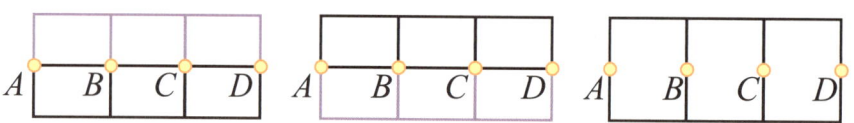

方法二： 转化成数线段。横着看，一行有 4 个点，3 条基本线段，一共有 6 条线段；竖着看，有 3 个点，2 条基本线段，一共有 3 条线段；6 乘 3 等于 18 条线段，每条线段对应一个长方形，因此一共有 18 个长方形。

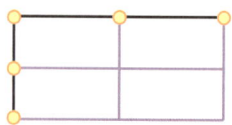

啊！我知道了！图（2），因为横着数有 3 条线段，竖着数有 3 条线段，3 乘 3 等于 9 条线段，每条线段对应一个长方形，所以一共有 9 个长方形。算式是 2+1=3（个），3×3=9（个）。

你现在会解决图中有几个长方形的问题了吗？来试试吧。
右图中一共有几个长方形？

横着看有 10 个长方形，竖着看有 3 个长方形，一共有 10×3=30（个）长方形。算式是 4+3+2+1=10（个），2+1=3（个），10×3=30（个）。

  同学们，前面讲的方法你们学会了吗？我来考考你。

数一数，右图中有几个角？

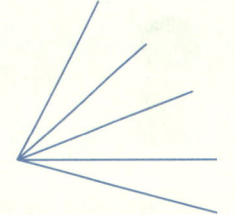

智慧小链接  同学们，类似这样的问题，你们还会解决吗？来试试吧。

浙江省为了打造1小时交通圈，建设从杭州市至温州市的高速铁路，简称杭温高铁，是长三角城际铁路网的重要组成部分。杭温高铁北起杭州桐庐东站，向南经过金华市、台州市，到达温州市，引入温州南站，线路全长260千米，设计时速350千米，全线设9个车站。

这条线路需要准备多少种车票呢？用我们今天学习的知识就可以解决，其实就是数有多少条线段。

桐庐东　浦江　义乌　横店　磐安　仙居　楠溪江　温州北　温州南

8+7+6+5+4+3+2+1=36（条）

不过，车票要考虑往返两种情况，最终要准备36×2=72（种）车票。

5 相遇问题

扫码听讲解

数学真奇妙  同学们，今天我们一起来研究相遇问题吧。

 什么是相遇问题？

我给你举个例子吧。甲、乙两名队员同时从 A 地出发去 B 地。甲每天走 3 千米；乙第 1 天走 1 千米，第 2 天走 2 千米，以后每天比前一天多走 1 千米。两人从出发经过多少天可以相遇？

 这有点难，该怎么办呢？

动手来探究  同学们，像这样的问题该怎么解决呢？我们一起探究一下。

我可以画图试试：

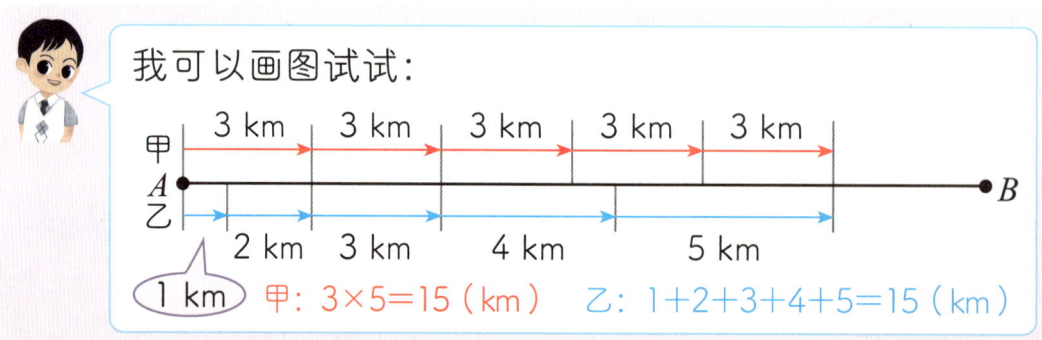

甲：3×5=15（km）　　乙：1+2+3+4+5=15（km）

我用列表的方法：

天数	第1天	第2天	第3天	第4天	第5天	第6天
甲	3	3	3	3	3	3
乙	1	2	3	4	5	6

我先看第3天，两人都走了3千米；前2天乙分别比甲少走了2千米、1千米；再走2天，乙又分别比甲多走1千米、2千米，这时他们正好相遇。列出算式：1＋2＋2＝5（天）。

天数	第1天	第2天	第3天	第4天	第5天	第6天
甲	3	3	3	3	3	3
乙	1	2	3	4	5	6

天数	第1天	第2天	第3天	第4天	第5天	第6天
甲	3	3	3	3	3	3
乙	1	2	3	4	5	6

1＋2＋2＝5

你们真厉害！现在变一变，你们还能解决吗？

试一试

甲、乙两名队员同时从 A 地出发去 B 地。甲每天走 4 千米；乙第 1 天走 1 千米，第 2 天走 2 千米，以后每天比前一天多走 1 千米。两人从出发经过多少天可以相遇？

一起来交流

我来列表：

天数	第1天	第2天	第3天	第4天	第5天	第6天	第7天	第8天
甲	4	4	4	4	4	4	4	4
乙	1	2	3	4	5	6	7	8

我先看第 4 天，两人都走了 4 千米；前 3 天乙分别比甲少走 3 千米、2 千米、1 千米；再走 3 天，乙又分别比甲多走 1 千米、2 千米、3 千米，这时他们正好相遇。列出算式：1+3+3=7（天）。

侨侨，不列表，你还能解决吗？

啊，我好像有办法了！

5. 相遇问题

神奇大揭秘  同学们，通过前面的讲解，你们发现了什么？一起来看看。

动手操作

❶ 甲、乙两名队员同时从 A 地出发去 B 地。甲每天走 6 千米；乙第 1 天走 1 千米，第 2 天走 2 千米，以后每天比前一天多走 1 千米。两人从出发经过多少天可以相遇？

❷ 甲、乙两名队员同时从 A 地出发去 B 地。甲每天走 10 千米；乙第 1 天走 1 千米，第 2 天走 2 千米，以后每天比前一天多走 1 千米。两人从出发经过多少天可以相遇？

一起来交流

 我会，我直接列算式：❶ 1＋5＋5＝11（天）；❷ 1＋9＋9＝19（天）。

$$1+2+2=5 \qquad 1+3+3=7$$
$$1+5+5=11 \qquad 1+9+9=19$$

观察这些算式，如果甲每天走 n 千米；乙第 1 天走 1 千米，第 2 天走 2 千米，以后每天比前一天多走 1 千米。两人从出发经过多少天可以相遇？

 $1+(n-1)+(n-1)$，因为两人第 n 天走的路程是相同的，乙前面 $(n-1)$ 天少走的路在后面 $(n-1)$ 天可以补上。

我觉得用 $1+2\times(n-1)$ 更简洁一些。

 用 $2n-1$ 更好。

真棒！你们居然可以不用列表就能解决相遇问题了！下面我们继续来挑战。

甲、乙两名队员同时从 A 地出发去 B 地。甲每天走 5 千米；乙第 1 天走 2 千米，第 2 天走 3 千米，以后每天比前一天多走 1 千米。两人从出发经过多少天可以相遇？

 很简单。1＋4＋4＝9（天），对吗？

不对，看我的！我继续使用列表法解决。

天数	第1天	第2天	第3天	第4天	第5天	第6天	第7天	第8天
甲	5	5	5	5	5	5	5	5
乙	2	3	4	5	6	7	8	9

1＋3＋3＝7（天）

 为什么是1＋3＋3＝7（天），而不是1＋4＋4＝9（天）呢？

把甲每天走5千米与乙第1天走2千米进行比较，发现乙有3天走的比甲少，第4天两人走的路程一样多，接下来3天乙比甲走的路程多。列出算式：1＋3＋3＝7（天）。

 原来如此！

再变一变，你还能解决吗？赶紧试试看。

❶ 甲、乙两名队员同时从 A 地出发去 B 地。甲每天走 5 千米；乙第 1 天走 3 千米，第 2 天走 4 千米，以后每天比前一天多走 1 千米。两人从出发经过多少天可以相遇？

❷ 甲、乙两名队员同时从 A 地出发去 B 地。甲每天走 6 千米；乙第 1 天走 2 千米，第 2 天走 3 千米，以后每天比前一天多走 1 千米。两人从出发经过多少天可以相遇？

❸ 甲、乙两名队员同时从 A 地出发去 B 地。甲每天走 8 千米；乙第 1 天走 3 千米，第 2 天走 4 千米，以后每天比前一天多走 1 千米。两人从出发经过多少天可以相遇？

❶ 1+2+2=5（天）；❷ 1+4+4=9（天）；
❸ 1+5+5=11（天）。对吗？

嗯，慧慧做得很好！观察这些算式，你们发现了什么？

我发现，用甲每天走的路程减去乙第1天走的路程，所得的差就是乙比甲走得少的天数，这个差乘2，再加1，就是两人相遇所需的天数。

数学真神奇呀，原来还有这么巧妙的方法呀！

知识我会用

同学们，前面讲的方法你们都学会了吗？我来考考你。

❶ 甲、乙两名队员同时从A地出发去B地。甲每天走8千米；乙第1天走2千米，第2天走4千米，以后每天比前一天多走2千米。两人从出发经过多少天可以相遇？

❷ 小明和小亮两人一起从同一地点同时出发,小明每分钟走40步;小亮第1分钟走60步,第2分钟走59步,以后每分钟比前一分钟少走1步。两人从出发经过多少分钟可以相遇?

  同学们,类似这样的问题,你们还会解决吗?来试试吧。

　　小方和小刚准备给希望工程捐钱。小方现在有18元钱,小刚现在有3元钱。小方打算以后每个月攒11元钱,小刚则打算以后每个月攒14元钱。那么,几个月后他俩攒的钱数一样多?

6 变化中的图形周长

 **数学真奇妙** 同学们,变化中的图形周长你们会算吗?我们来学习一下。

动手操作

如下图所示,算一算它们的周长。

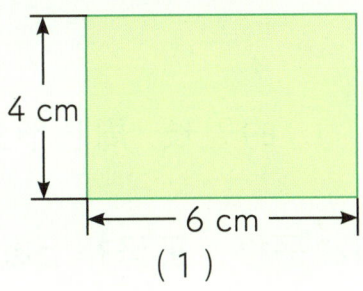
(1)

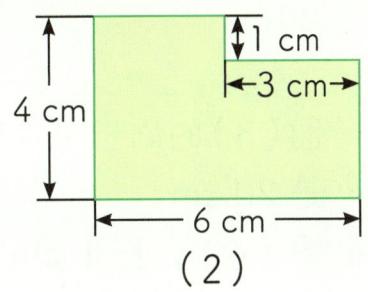
(2)

一起来交流

 图(1)的周长:(6+4)×2=20(cm)。

图(2),我们可以将 3 cm 的线段向上平移,将 1 cm 的线段向右平移,因此它的周长等于图(1)长方形的周长。

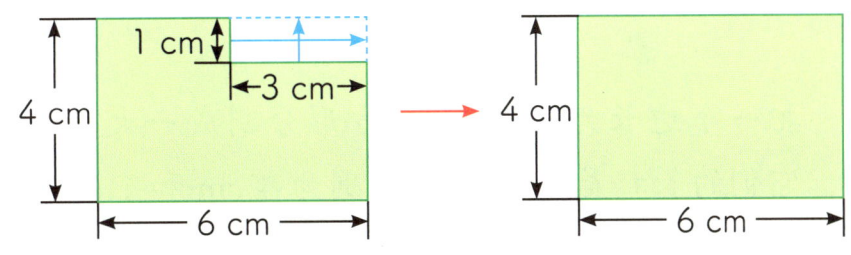

华华做得很好！那么下面两个新图形的周长与原长方形的周长相比，会发生变化吗？

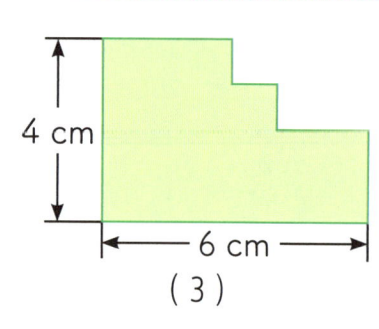
（3）

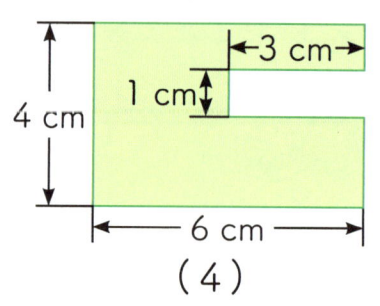
（4）

图（3）的周长可以转化成图（1）的周长，周长不变，是 20 cm。

图（4），把 1 cm 的线段向右平移，正好补上原长方形的"缺口"，但还多出两条长 3 cm 的线段，因此图（4）的周长比原长方形的周长长 6 cm。

  同学们，下面难度升级啦，你们还会算吗？一起来探究吧。

动手操作

把一个边长为 5 cm 的正方形分割成一大一小两个长方形，它们的长都是 5 cm，宽分别为 4 cm 和 1 cm。将小长方形向右平移 2 cm，得到一个新图形。

请问：新图形的周长是多少厘米？

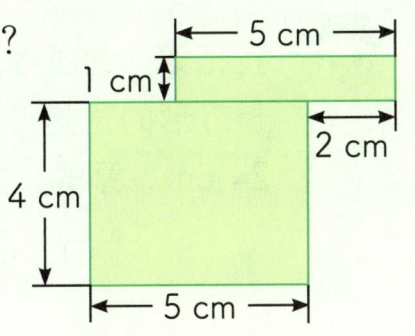

一起来交流

我把这个图形的每条边都标上长度，然后加起来，周长为 24 cm。算式：5+1+2+4+5+4+2+1=24（cm）。

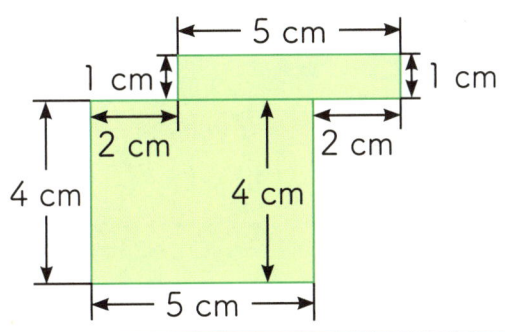

我把这个图形转化成正方形，发现和原正方形相比，还多出了两条长 2 cm 的线段，因此这个图形的周长比原正方形的周长长 4 cm，答案也是 24 cm。

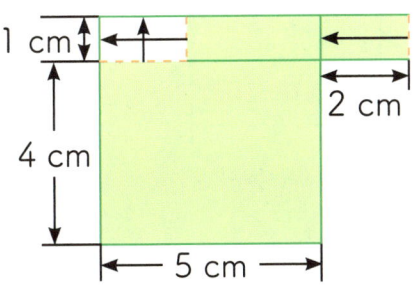

我把这个图形转化成一个大的长方形，发现这个长方形的宽是 5 cm，长是 7 cm，因此它的周长是 24 cm。算式：（7+5）×2=24（cm）。

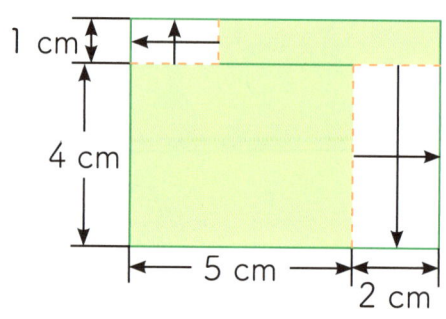

请同学们比较一下，这三种方法哪种最简洁？

神奇大揭秘  同学们，通过前面的讲解，你们发现了什么？一起来看看。

动手操作

计算下列图形的周长。（单位：cm）

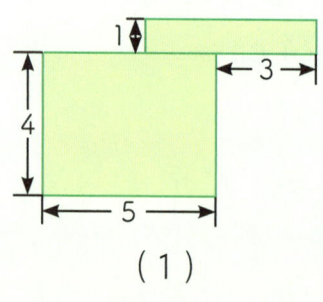
（1）

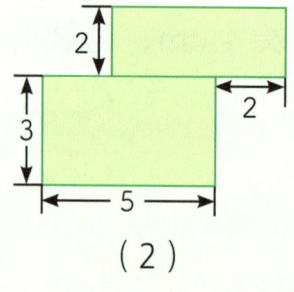
（2）

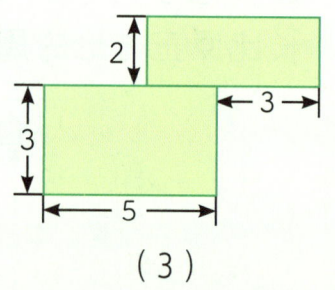
（3）

一起来交流

我算出图（1）的周长为 26 cm，图（2）的周长为 24 cm，图（3）的周长为 26 cm。为什么图（1）和图（3）周长会一样呢？

因为图（1）和图（3）中的两个小长方形都向右平移了 3 cm，所以周长都比原正方形的周长长了 6 cm。而图（2）的小长方形只向右平移了 2 cm，周长增加了 4 cm。

通过刚才的比较，同学们还发现了什么？

不管把正方形分成怎样的两个长方形，只要把其中的一个长方形向右或向左平移几厘米，周长就增加几厘米的 2 倍。

试一试

把一个边长为 5 cm 的正方形分割成三个长方形。

（1）把最上面的长方形向右平移 2 cm，把最下面的长方形向左平移 2 cm，得到一个新图形。新图形的周长是多少厘米？

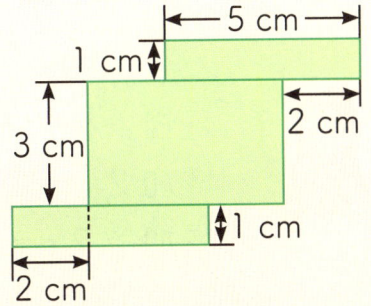

（2）如果只把中间的长方形向右平移 2 cm，得到的新图形的周长又是多少厘米？

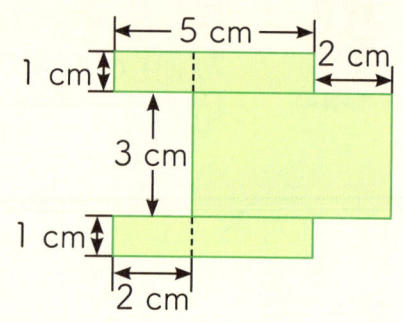

一起来交流

第（1）题，上面的小长方形向右平移了 2 cm，新图形周长比原正方形增加了 4 cm；下面的小长方形向左平移了 2 cm，新图形周长又增加了 4 cm。算式是：20＋4＋4＝28（cm）。

第（2）题，将两条竖着的长为 3 cm 的边向左平移，发现新图形周长比原正方形多出了 4 条 2 cm 的边，因此周长为：20＋2×4＝28（cm）。
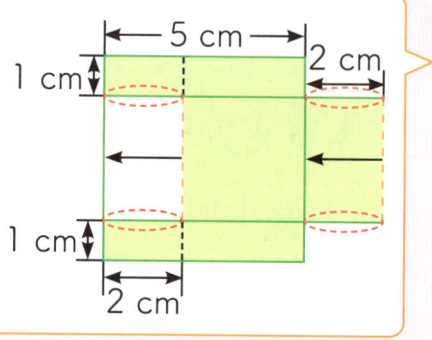

奇怪，小长方形向右平移了 2 cm，周长不是应该增加 2 cm 的 2 倍吗？怎么图（2）的新图形周长增加了 2 cm 的 4 倍？

仔细观察，当正方形分割成多个长方形时，平移1个最上面或最下面的小长方形，会有2条增加的边，所以周长增加平移长度的2倍；但是平移中间的小长方形时，在凹口和凸口处都会有2条增加的边，所以周长增加平移长度的4倍。你学会了吗？

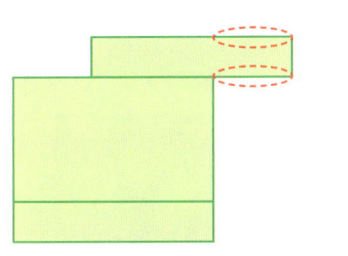 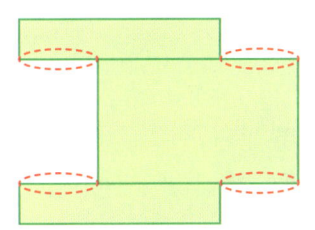

知识我会用

 同学们，前面讲的方法你们都学会了吗？我来考考你。

把一个边长为 5 cm 的正方形分割成五个完全相同的长方形。从上往下，把第二、第四个长方形分别向右、向左平移 2 cm，得到一个新图形。新图形的周长是多少厘米？

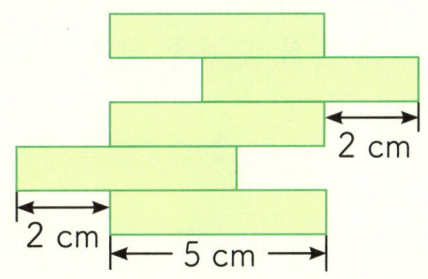

  同学们,根据前面的研究成果,你们能设计出周长不变的美丽图形吗?

看,下面这个美丽的图形,它的周长和旁边的正方形周长一样。

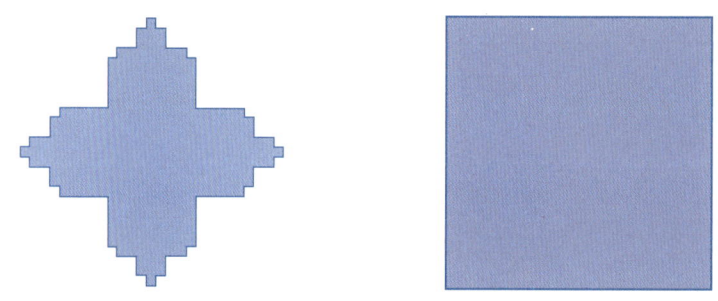

如何将正方形变成这个周长不变的美丽图形呢?看:

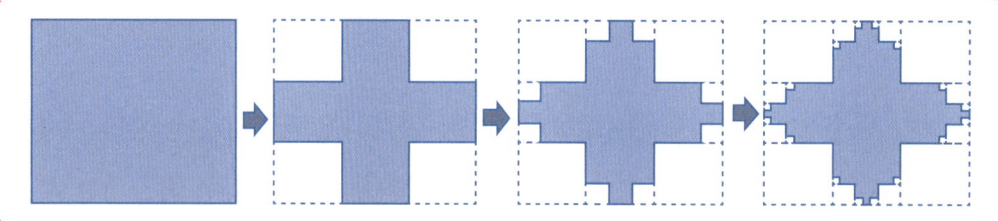

你看懂了吗?试着用同样的方法自己动手将下面这个正方形设计成一个周长不变的美丽图形吧!

7 空瓶换果汁

扫码听讲解

数学真奇妙  同学们,你们知道"空瓶换果汁"这个问题吗?

　　"空瓶换果汁"是一个趣味数学问题,曾以"空瓶换酒""空瓶换啤酒""废电池换新电池""废电珠换新电珠""刨屑换铜坯"等形式出现在前苏联、匈牙利、德国和中国的各种数学竞赛题中。我们在生活中也经常会碰到这一类有趣的问题,例如商家为了促销,会有"空啤酒瓶换啤酒"或者"空汽水瓶换汽水"的活动。这些看似简单的事情,却会引出很多有趣的数学问题哦,看看你能不能很快地解答出来。

好呀!这可难不倒我。

同学们,我们一起来探究一下"空瓶换果汁"这个问题吧。

动手操作

小明与同学在商店里共买了 10 瓶果汁,店主承诺 3 个空瓶可以换 1 瓶果汁,他们一共可以喝到多少瓶果汁?

一起来交流

可以试着用画一画或者列算式的方法哦!

我用〇表示空瓶,用□表示满瓶果汁。

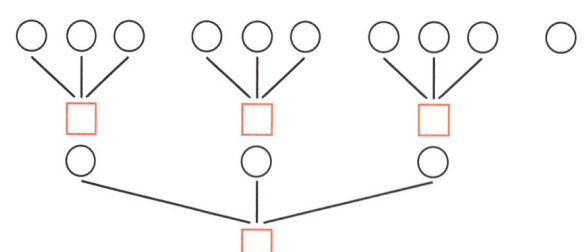

空瓶可以换到 3+1=4(瓶),
一共可以喝到 10+4=14(瓶)果汁。

1. 空瓶换果汁

我觉得剩下的 2 个空瓶还可以利用起来。我们可以先借 1 个空瓶，凑成 3 个空瓶，又可以换到 1 瓶果汁，喝完后，空瓶还回去，这样总共可以喝到 15 瓶果汁。

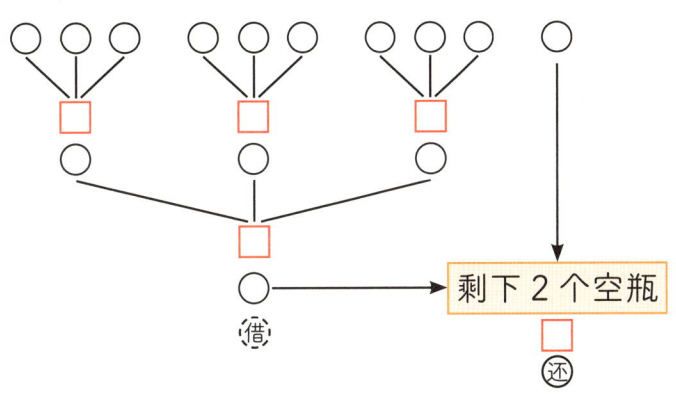

"借一还一"，这个方法厉害！这样我们就可以喝到 10＋3＋1＋1＝15（瓶）果汁了！

动手操作

有 14 个空瓶，3 个空瓶可以换 1 瓶果汁，一共能换到多少瓶果汁？请你动手画一画，再算一算。

一起来交流

4+2+1=7（瓶）。

你还能继续用3个空瓶换1瓶果汁吗？请你先填一填，然后说一说通过填表你发现了什么？

空瓶数（个）	果汁数（瓶）
10	5
14	7
30	
50	
100	

我来填一填。

空瓶数（个）	果汁数（瓶）
10	5
14	7
30	15
50	25
100	50

啊，我知道了！无论空瓶数是几，果汁数都是空瓶数÷（3−1）。

1. 空瓶换果汁

神奇大揭秘

 同学们,你们知道算式中为什么是"÷(3−1)"吗?

一起来交流

 如下图,因为"3个空瓶换1瓶果汁",而这"1瓶果汁"喝光之后,又变成1个空瓶,所以实质上就是"3个空瓶=1瓶果汁(不含瓶)+1个空瓶",也就相当于"2个空瓶=1瓶果汁(不含瓶)"。这里的"2"其实是3个空瓶通过"借一还一"的思想后,少掉了1个空瓶,因此是"(3−1)"。

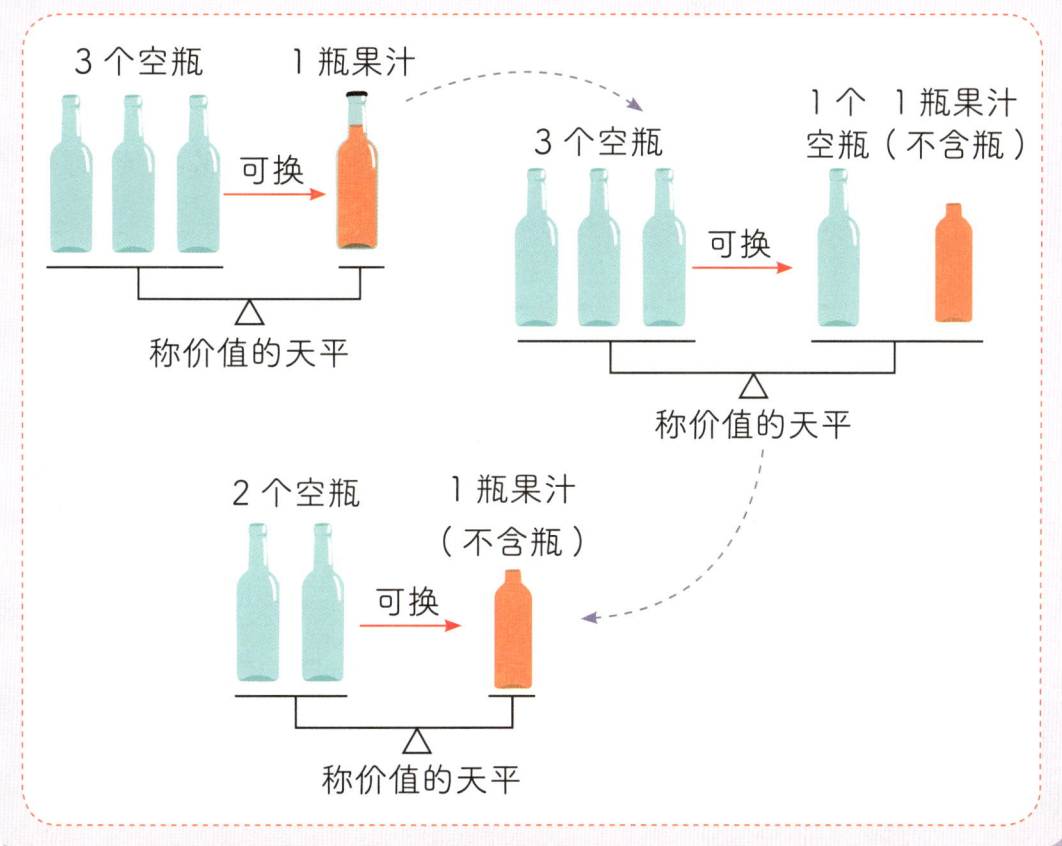

知识我会用

 同学们，前面讲的方法你们学会了吗？我来考考你。

❶ 现有 15 个矿泉水空瓶，已知 4 个矿泉水空瓶可以换 1 瓶矿泉水。若不另外交钱，最多可以喝到多少瓶矿泉水？

❷ 现有 24 个空果汁瓶，已知 5 个空果汁瓶可以换 1 瓶果汁。若不另外交钱，最多可以喝到多少瓶果汁？

智慧小链接

 有一个"智叟分牛"的故事也体现了"有借有还"的数学方法呢!

传说古代有一位老农,临终前留下遗嘱,要把17头牛分给三个儿子。大儿子分得总数的 $\frac{1}{2}$,二儿子分得总数的 $\frac{1}{3}$,三儿子分得总数的 $\frac{1}{9}$,但1头牛也不许宰杀。说完他就去世了。三个儿子只好请来娘舅主持分家,但不管怎么分,他们也分不出整头数来。后来,此事被智叟知道了,他牵来1头牛参与分配。这样,大儿子分得9头牛,二儿子分得6头牛,小儿子分得2头牛,三人共得17头牛,还剩下1头牛。智叟最后牵回了自己的1头牛。

这个故事体现了"有借有还"的数学方法。在小学数学中有些问题若利用"有借有还"的数学方法来解答,可以化繁为简,变难为易,启发思维,提高同学们分析问题和解决问题的能力。

8 长绳测井深

扫码听讲解

数学真奇妙  同学们,今天我们来研究一下"长绳测井深"这个问题。

一起来交流

 这里有一个枯井,我想知道它有多深。

我拿根绳子测一下枯井有多深。

 把绳子折成三段来测量,则井外余绳 4 米;把绳子折成四段来测量,则井外余绳 1 米。同学们,你们知道这口井有多深吗?

这就是我国古代的数学名题——长绳测井深。这道题有点难,我们先从简单的例子开始研究,学习了一定的方法后,再来解决它。

8. 长绳测井深

动手来探究

 "长绳测井深"这个问题该怎么解决呢?我们一起来探究。

动手操作

一根绳子长24米,把它折成两段后,去测量6米深的井,井外每段绳长几米?折成三段呢?

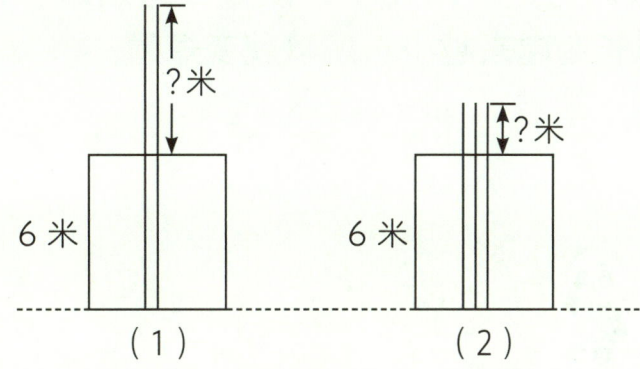

一起来交流

(1) 折成两段:

方法一:井内绳长有12米,井外绳长也有12米,因此井外每段绳长6米。算式:6×2=12(米),24-12=12(米),12÷2=6(米)。

方法二:因为绳子折成两段,所以每段绳长是12米,井内有6米,井外也有6米。算式:24÷2=12(米),12-6=6(米)。

（2）折成三段：

每段绳长为8米，井内有6米，井外只有2米。

算式：24÷3=8（米），8-6=2（米）。

为什么段数增加时，井外绳子的总长会变短呢？

绳子段数增加时，井内绳子的段数会越来越多，井外绳子的总长会越来越小，所以就变短啦。

神奇大揭秘  同学们，通过前面的讲解，你们发现了什么？一起来看看。

动手操作

用绳子测量井深，若把绳子折成三段来测量，则井外每段绳长4米；若把绳子折成四段来测量，则井外每段绳长1米。请问井深几米？

这就是本文开始佳佳提出的问题,你现在会做了吗?

我会,我会。两次测量井深,第一次井外绳子总长为 4×3=12(米),第二次井外绳子总长为 1×4=4(米),比第一次少了 12-4=8(米)。但第一次测量井深时,井内绳子只有三段,第二次测量井深时,井内绳子比第一次多出一段,这一段绳子的长度是 8 米,因此井深为 8 米。

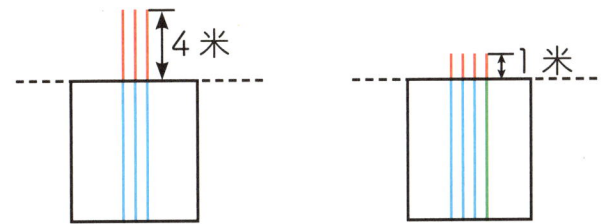

知道了井深是 4×3-1×4=8(米),我们就可以知道绳子的长度:(8+4)×3=36(米)或(8+1)×4=36(米)。

通过两次测量井深,井外绳子的长度与井内绳子段数的比较,我们知道,井外少了的就是井内多出的一段,也就是井的深度。

 根据下图分别求出每根绳子的长度。

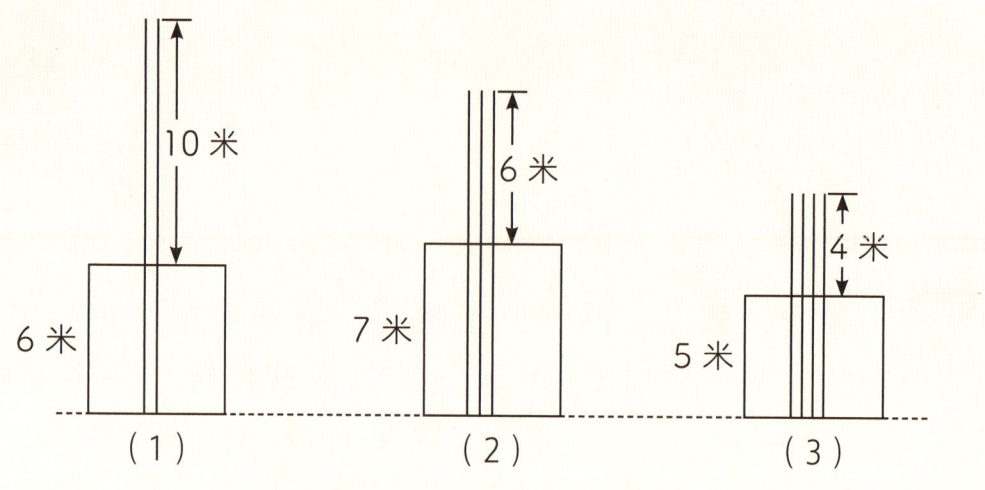

知识我会用

 同学们，前面讲的方法你们都学会了吗？我来考考你。

❶ 一根绳子长 24 米，把它折成两段去测量井深，井外每段绳长 5 米。若折成三段去测量井深，则井外每段绳长多少米？

❷ 用绳子测量井深,若把绳子折成两段来测量,则井外每段绳长6米;若把绳子折成四段来测量,则井外每段绳长1米。问井深和绳长各多少米?

  同学们,类似这样的问题,你们还会解决吗?来试试吧。

我们今天学习的"长绳测井深"知识,在古代就已经出现啦。由明代珠算家程大位编写的古代数学名著《算法统宗》中就有这样的问题:"假如井不知深,先将绳三折入井,绳长四尺;后将绳四折入井,亦长一尺。问井深及绳长各若干?"翻译过来就是:"假若有口井,不知道深度,先将绳子3折去测量,井口外余绳长为4尺;然后将绳子4折去测量,井口外也余下1尺。求井深几尺?绳长几尺?"你能解决这个问题吗?试一试吧!

9 高斯求和

扫码听讲解

数学真奇妙  同学们，你们会用简便方法给复杂算式求和吗？我们来学习一下。

 下列图中各有多少个小正方形？

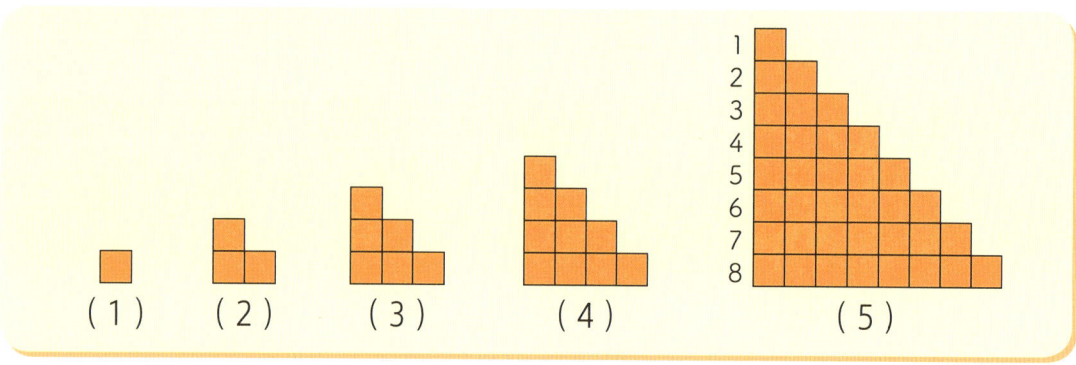

图（1）有1个小正方形。
图（2）有1+2=3（个）小正方形。
图（3）有1+2+3=6（个）小正方形。
图（4）有1+2+3+4=10（个）小正方形。

图（5）的小正方形个数你会列式求解吗？怎样才能快速计算出答案呢？

可以用巧妙的求和方法算出图（5）中小正方形的个数：1+2+3+4+5+6+7+8=（1+8）×8÷2=36（个）。这是为什么呢？我们来研究一下吧！

9. 高斯求和

动手来探究  同学们，给复杂算式求和有什么巧妙方法呢？我们一起来探究。

 怎样快速求出小正方形的个数呢？把你的方法在下面的格子图中画出来，再算一算格子的数量。

算式：1+2+3+4+5+6+7+8=

 我是这样画的，如右图所示。你看，我把第1行的1个小正方形移动到8个小正方形这里，拼成1+8=9（个）小正方形；把第2行的2个小正方形移动到7个小正方形这里，也拼成了2+7=9（个）小正方形。每一行都拼成9个，一共拼了8÷2=4（行），因此有（1+8）×（8÷2）=36（个）小正方形。

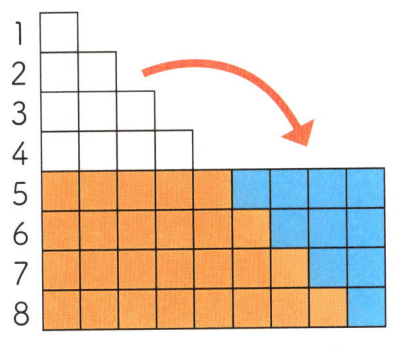

我是这样想的：我在原图右侧添加了1个一模一样的图形（方向不同），拼成一个每行9个小正方形，共8行的长方形。则小正方形的个数为(1+8)×8=72。原来的图形中小正方形的个数是这个新长方形中小正方形个数的一半，因此就有(1+8)×8÷2=36（个）小正方形。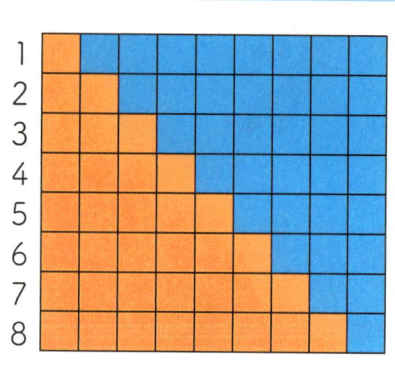

哇！佳佳和侨侨这两种方法可真巧妙！仔细观察，这两种方法有什么相同和不同之处呢？把你的想法写下来。

他们拼的方法不同，但都把不规则的图形拼成了一个长方形进行计算。

9. 高斯求和

神奇大揭秘  同学们，通过前面的讲解，你们发现了什么？一起来看看。

算一算 再增加1行，你还能快速计算出小正方形的个数吗？请选择你喜欢的方法在下图中画一画，算一算。

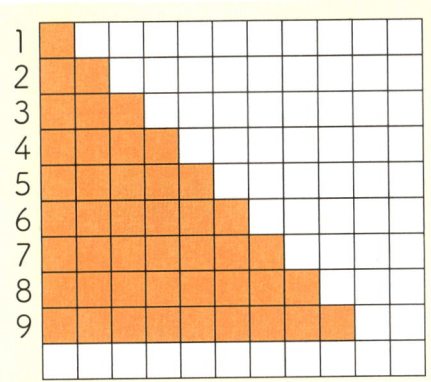

算式：_____

一起来交流

 我是这样拼的：

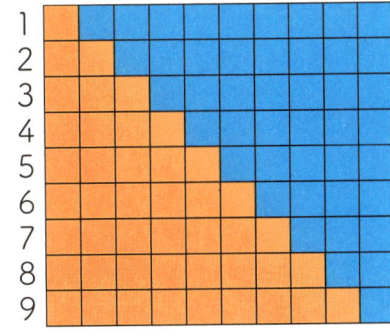

$1+2+3+4+5+6+7+8+9$
$=(9+1)×9÷2$
$=10×9÷2$
$=45$

我是这样想的：

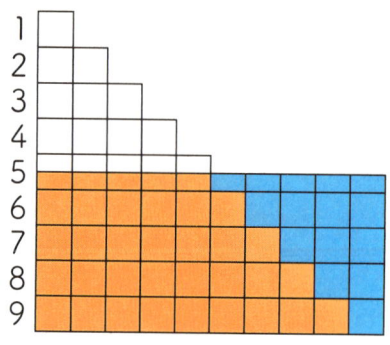

$1+2+3+4+5+6+7+8+9$
$=(9+1)\times(9\div2)$
$=10\times9\div2$
$=45$

 你能快速计算出 $1+2+3+4+5+6+7+8+9+10$ 的结果吗？想象一下补上相同的图形后会变成怎样的长方形呢？

$1+2+3+4+5+6+7+8+9+10$
$=(1+10)\times10\div2$
$=11\times10\div2$
$=55$

 比较刚才我们计算的这几道算式，它们在计算的时候有什么共同之处呢？

在计算时，它们都是用第一个数字加最后一个数字的和乘上数字的个数再除以2。你答对了吗？

9. 高斯求和

知识我会用 同学们，前面讲的方法你们都学会了吗？我来考考你。

❶ 求 1+2+3+⋯+19+20 等于多少。

❷ 有一堆木头，最上层有 2 根，最底层有 11 根，每相邻两层相差 1 根，这堆木头一共有多少根？

❸ 已知 2+4+6+8+⋯+98+100=2550，求 1+3+5+7+9+⋯+99 等于多少。

智慧小链接  大家知道吗？前面讲的这种巧妙算法被人们称为"高斯求和"。

高斯（1777—1855），德国数学家、物理学家、天文学家。高斯被认为是历史上最重要的数学家之一，并享有"数学王子"之称。

他在年仅10岁时，就以一种非常巧妙的凑对法迅速地求出了数学教师布特纳出的一道难题——计算1+2+3+…+99+100的结果，使老师感到非常吃惊，人们也称这种算法为"高斯求和"。

高斯在数学史上有不朽成就，他发现了质数分布定理和最小二乘法定理，还推导了一个重大节日日期的计算公式，对于数学的发展有杰出的贡献。以他的名字"高斯"命名的成果达110个，当属数学家中之最。高斯对数论、代数、统计、分析、微分几何、大地测量学、地球物理学、力学、静电学、天文学、矩阵理论和光学皆有贡献。

10 怎么剪最多

数学真奇妙  同学们，你们剪过纸吗？其实剪纸中也有数学奥秘哦！

动手操作

右图是一张长 8 cm、宽 6 cm 的长方形纸，要将它剪成边长是 2 cm 的正方形，最多可以剪多少个？

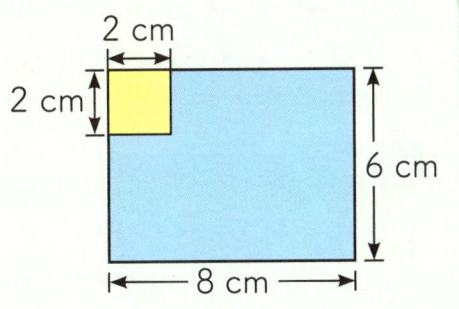

一起来交流

 这太简单了。先算出长方形的面积，$8×6=48$（cm^2）；再算出要剪成的一个小正方形的面积，$2×2=4$（cm^2）；然后用长方形的面积除以一个小正方形的面积，$48÷4=12$（个），就可以算出最多能剪 12 个。

我的方法和你的不一样。我是这样想的：长方形的长是 8 cm，剪成边长是 2 cm 的正方形可以剪 4 个，也就是一行可以剪 4 个；宽是 6 cm，剪成边长是 2 cm 的正方形可以剪 3 个，也就是有 3 行，一共可以剪 12 个。

算式：（8÷2）×（6÷2）=12（个）。

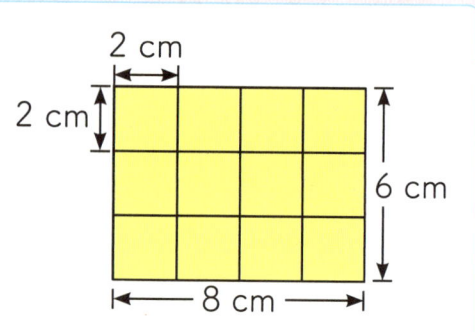

 要求一个长方形最多可以剪多少个小正方形，现在有两种思路：一种是用长方形的面积除以一个小正方形的面积；另一种是算出长方形的长和宽分别可以剪多少个小正方形，然后把两个数相乘。

  上面两种方法你更喜欢哪一种？用你喜欢的方法再来算一算吧。

动手操作

一张长 8 cm、宽 6 cm 的长方形纸，要将它剪成边长为 3 cm 的正方形，最多可以剪多少个？

一起来交流

$8×6÷(3×3)=5$(个)……$3(cm^2)$，最多可以剪 5 个。

$8÷3=2$(个)……$2(cm)$，$6÷3=2$(个)，$2×2=4$(个)，最多可以剪 4 个。

哪种方法正确？有什么好的办法验证它吗？

我们可以动手剪一剪，发现最多只能剪 4 个。

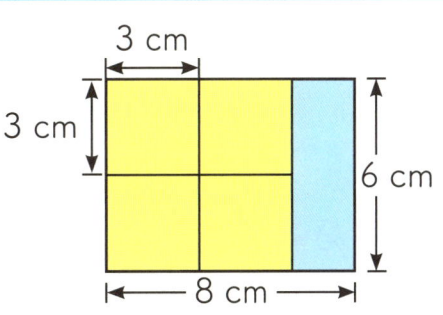

"大面积除以小面积"是在减掉 4 个小正方形之后，把剩下的小长方形拼成了一个小正方形。但是题目要求的是剪，不能拼，因此用长和宽分别可以剪几个小正方形，然后相乘的方法更好。

为什么前一道题两种方法都可以，而这道题却选择了第二种方法？

前一道题中，8 正好是 2 的倍数，6 也正好是 2 的倍数，因此两种方法都可以。而这一道题中，8 不是 3 的倍数，因此用大面积除以小面积的方法不可靠。

 同学们，通过前面的讲解，你们发现了什么？一起来看看。

动手操作

一张长 8 cm、宽 6 cm 的长方形纸，要将它剪成长 4 cm、宽 3 cm 的小长方形，最多可以剪多少个？

一起来交流

方法一：8 刚好被 4 整除，6 刚好被 3 整除，因此最多可以剪 8×6÷（4×3）=4（个）。

方法二：8÷4=2（个），6÷3=2（个），2×2=4（个）。

方法三：8÷3=2（个）……2（cm），6÷4=1（个）……2（cm），2×1=2（个）。

 我发现图（1）把纸都用完了，没有剩余，图（2）纸有剩余，因此用方法一和方法二剪出来的是最多的。

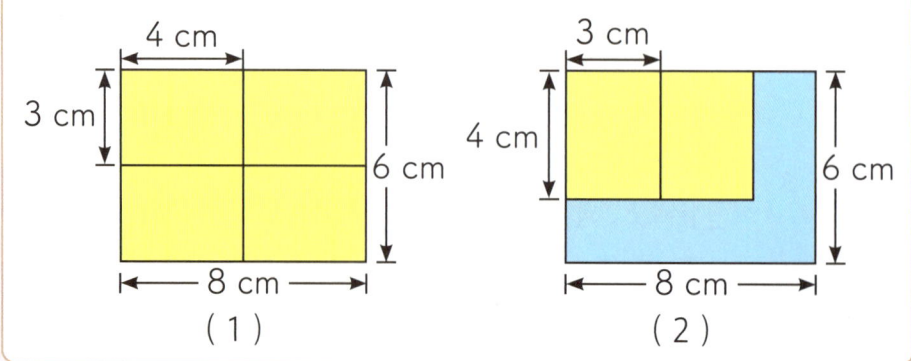

10. 怎么剪最多

动手操作

一张长 8 cm、宽 6 cm 的长方形纸，要将它剪成长 3 cm、宽 2 cm 的小长方形。不计算，你能快速判断哪种剪法得到的小长方形更多吗？

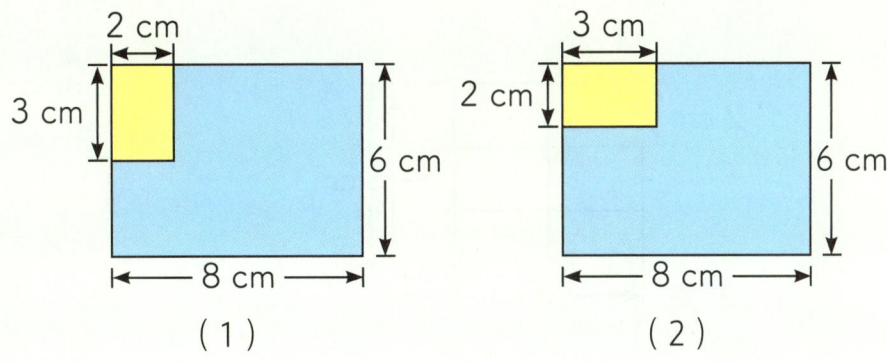

（1）　　　　　　（2）

一起来交流

如下图所示，图（1），刚好剪完没有剩余；图（2），$8÷3=2$（个）……2（cm），$2×6=12$（cm²），说明还剩下 12 cm²，因此图（1）的剪法得到的小长方形更多。

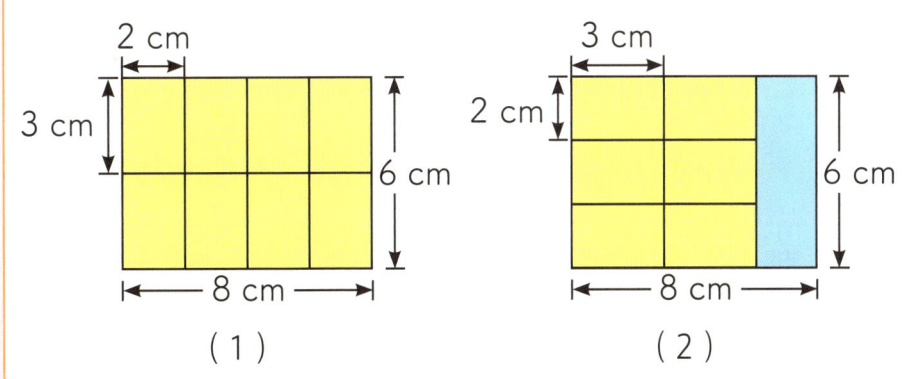

（1）　　　　　　（2）

我有重大发现！图（2）右侧剩余部分还可以竖着剪两个小长方形。因为从长边看 8 cm 减去两个 3 cm 还剩 2 cm，正好是小长方形的宽；宽 6 cm 正好是 3 cm 的 2 倍，所以竖着剪还可以剪 2 个小长方形，这样就没有剩余了。

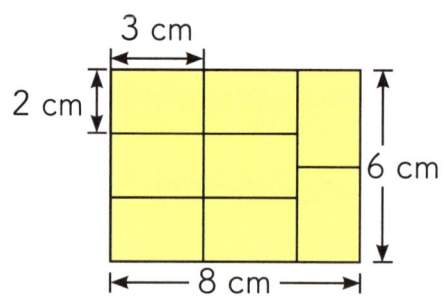

剪纸小技巧：

1. 剪小正方形时，要考虑小正方形的边长能否被长方形的长或宽整除。
2. 剪小长方形时，要分别考虑小长方形的长和宽是不是刚好能被大长方形的长或宽整除，如果不是刚好整除，还要考虑哪种方法剩余纸张的面积最小。
3. 除了要缜密思考，还要动手试一试，才能确保万无一失。

除了剪小正方形、小长方形，其他的形状你会剪吗？怎么剪最多呢？动手试一试吧。

知识我会用

 同学们，前面讲的方法你们都学会了吗？我来考考你。

❶ 一张长 32 cm、宽 24 cm 的长方形纸，要将它剪成长 10 cm、宽 4 cm 的小长方形，最多可以剪多少个？

❷ 如图，一张长 32 cm、宽 24 cm 的长方形纸，要将它剪成两条直角边长分别是 8 cm 和 6 cm 的直角三角形，最多可以剪多少个？

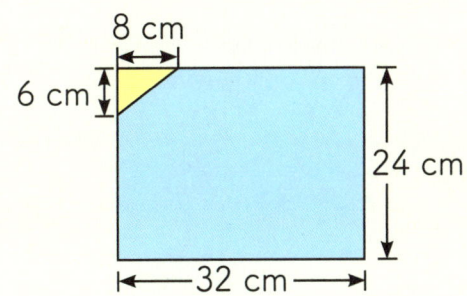

❸ 一张长 16 cm、宽 13 cm 的长方形纸，要将它剪成两条直角边长分别是 6 cm 和 5 cm 的直角三角形，最多可以剪多少个？

智慧小链接  同学们，除了怎么剪最多，你们知道怎么装最多吗？一起来看看。

生活中除了会碰到"怎么剪最多"这样的数学问题，还有一种类似的问题也时常出现，那就是"怎么装最多"。比如：玩具厂工人在长、宽、高分别为 16 cm、12 cm、8 cm 的包装盒里放入一个棱长是 4 cm 的正方体礼品，最多可以放几个？

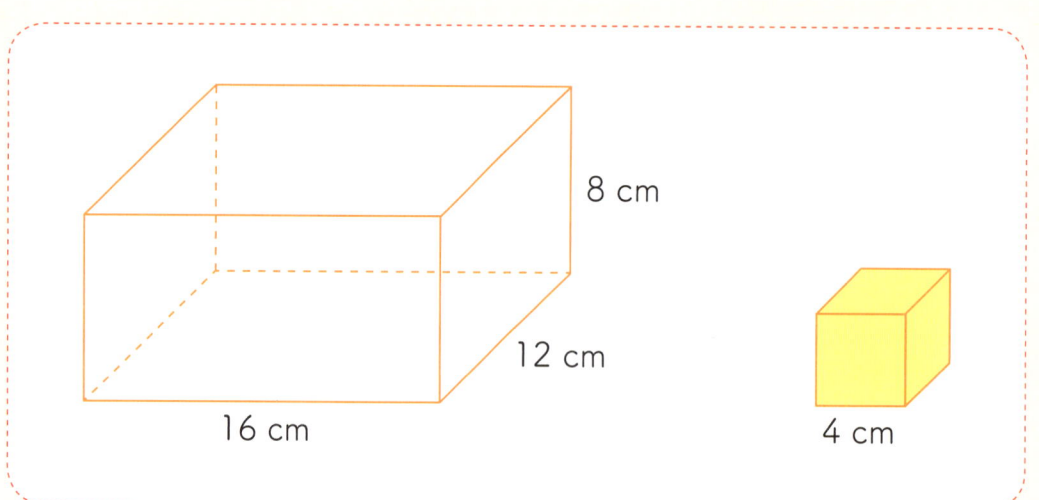

像这类问题的解决方法其实和"怎么剪最多"的方法类似，即装小正方体时要考虑小正方体的棱长能否被长方体的长、宽、高整除。

由题可知：一行可以放 16÷4=4（个），一层可以放 12÷4=3（行），一盒可以放 8÷4=2（层），因此最多可以放 4×3×2=24（个）小正方形。

11 巧求面积

扫码听讲解

数学真奇妙  同学们,我们都学过哪些图形面积的计算?你们会算吗?

一起来交流

 长方形的面积＝长×宽;
正方形的面积＝边长×边长。

真棒!不规则的图形你会计算面积吗?让我们一起来"巧"求一些新的图形面积吧!

动手来探究  同学们,不同的图形如何巧求面积呢?我们一起来探究。

动手操作

❶ 如图所示,大正方形边长为 4 cm,小正方形边长为 3 cm。求涂色部分的面积。

❷ 下列图形中，大正方形的边长均为 4 cm，小正方形的边长均为 3 cm。哪几个图中涂色部分的面积也可以用第 ❶ 题的方法来计算？为什么？

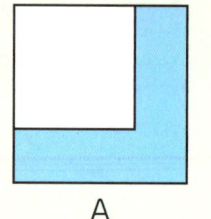
A
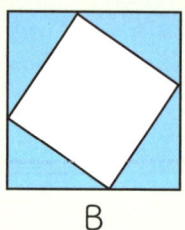
B

C
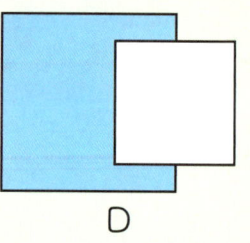
D

一起来交流

❶ 这可难不倒我！算式是：4×4－3×3＝7（cm²）。

❷ 我知道。A、B、C 三幅图可以用第 ❶ 题的算式计算，D 图不行，因为 D 图中小正方形有一部分在大正方形外面了。

你可真厉害！一下子就找到了。A、B、C 这三幅图都可以用第 ❶ 题的算式来计算。虽然小正方形的位置不同，但都在大正方形内部，涂色部分的面积正好是大正方形的面积减小正方形的面积。而 D 图中小正方形却有一部分在大正方形外面，因此无法用这道算式计算。

11. 巧求面积

神奇大揭秘  同学们，通过前面的讲解，你们发现了什么？一起来看看。

动手操作

下图中，大正方形边长为 4 cm，小正方形边长为 3 cm。大正方形涂色部分的面积比小正方形涂色部分的面积大多少？你准备怎么计算？请你画一画，写一写。

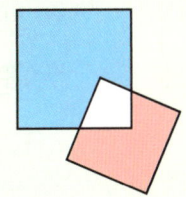

一起来交流

 我是这样想的：如右图所示，大正方形和小正方形涂色部分的面积再分别加上两个图形重叠部分的面积，就分别是大、小正方形的面积。经过前面的计算，我们已经知道大、小正方形的面积相差 7 cm^2，现在都减小一样的面积，面积的差不变，因此还是 7 cm^2。

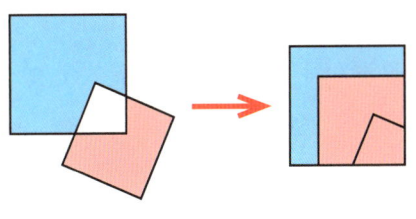

我是这样想的：如右图所示，大正方形的面积比小正方形的面积大 7 cm²，它们都减去重叠部分的面积，因此面积的差还是 7 cm²。

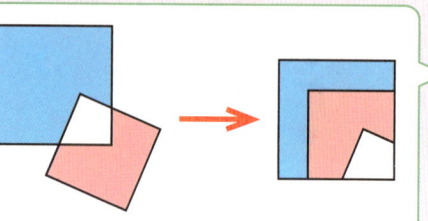

我是用假设法做的：如右图所示，假设重叠部分的面积是 2 cm²，那么小正方形涂色部分的面积就是 3×3－2＝7（cm²），大正方形涂色部分的面积就是 4×4－2＝14（cm²），相差的面积就是 14－7＝7（cm²）。

哇！你们想出了这么多种方法！如果变成其他的图形，你们还会计算吗？

❶ 如图，长方形长为 8 分米，宽为 4 分米，正方形边长为 3 分米。长方形涂色部分的面积比正方形涂色部分的面积大多少？

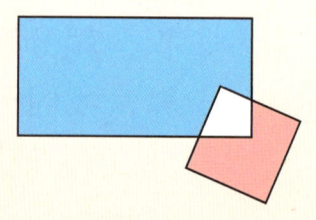

❷ 两个相同的梯形,面积都是 10 平方分米,如图所示重叠在一起,两块涂色部分的面积相差多少平方分米?

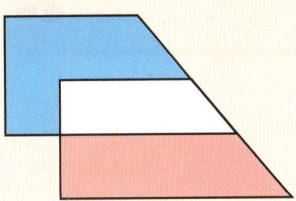

一起来交流

我来。
❶ 8×4－3×3＝23(平方分米);
❷ 10－10＝0(平方分米)。

原来只要用转化的方法,将求两个涂色部分面积之差的问题,转化为求原来两个图形的面积之差就能得到答案。

嗯,真棒!同学们,你们做对了吗?换成其他形状的图形你们还会吗?互相出题练一练吧。

知识我会用

同学们，前面讲的方法你们都学会了吗？我来考考你。

下图中，每个方格的面积是 1 cm²，比较这两个图形面积的大小，它们的面积相差多少呢？

智慧小链接

同学们，类似这样的问题，你们还会解决吗？来试试吧。

如图，每个方格的面积是 1 cm²，中间这个正方形的面积是多少平方厘米？

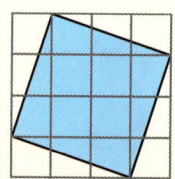

12 正方形的个数问题

扫码听讲解

数学真奇妙  同学们，我们今天来学习一下正方形的个数问题。

动手操作

下图中共有多少个正方形？

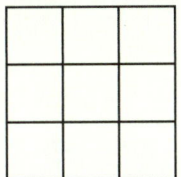

一起来交流

 我 1 个 1 个地数，数出 9 个。

不用这么麻烦，1 行有 3 个方格，共 3 行，列算式：3×3=9（个）。

 所有方格都拼在一起是 1 个大的正方形，因此一共有 10 个。

不对不对，有 14 个。因为 1 个 1 个地数有 9 个，最大的有 1 个，还有 4 个小正方形合在一起的有 4 个，所以一共有 14 个。

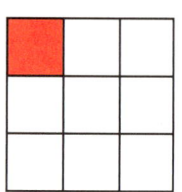 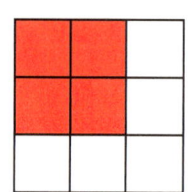 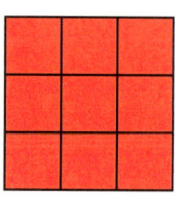

同学们，在数正方形的个数时，不仅要数出单个的小正方形，组合成的正方形也要数进去。我们继续来研究一下吧！

动手来探究 同学们，如何快速解决正方形的个数问题呢？我们一起来探究。

动手操作

下图中共有多少个正方形？

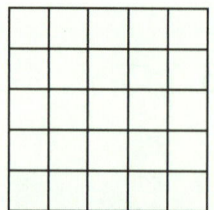

一起来交流

55个。1个1个地数有25个正方形,4个小正方形组合成的正方形有16个,9个小正方形组合成的正方形有9个,16个小正方形组合成的正方形有4个,最大的正方形有1个,合起来就是55个。

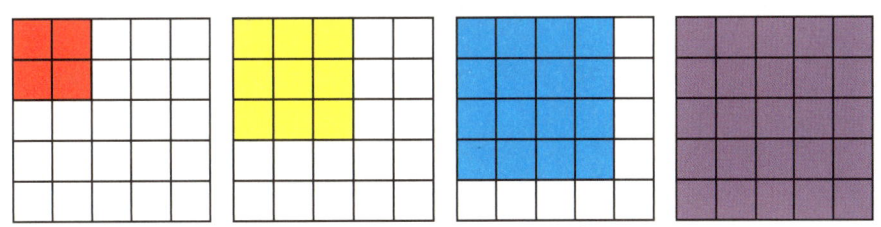

可以用一道比较简洁的算式来表示数正方形的过程吗?

单个小正方形,共5行5列,5×5=25(个);

4个小正方形组合成的正方形,共4行4列,4×4=16(个);

9个小正方形组合成的正方形,共3行3列,3×3=9(个);

16个小正方形组合成的正方形,共2行2列,2×2=4(个);

25个小正方形组合成的正方形,1个。

算式:5×5+4×4+3×3+2×2+1=55(个)。

"1"也可以看作1×1,这样就更有规律了:
5×5+4×4+3×3+2×2+1×1=55(个)。

同学们，通过前面的讲解，你们发现了什么？一起来看看。

动手操作

5×5在数学里还有一种表达方式，写作"5^2"，读作"5的平方"，表示2个5相乘。那么前面的算式还可以怎么写呢？

$5^2+4^2+3^2+2^2+1^2=55$（个）。

我发现，只要知道最大的正方形的边上有几个小正方形，然后这个数的平方加比它小1的数的平方……一直加到1的平方，就可以得到图中所有正方形的个数。

真的是这样吗？我们来验证一下。右图中共有多少个正方形？

列式：$4^2+3^2+2^2+1^2=30$（个）。

我还画图验证了，一共有 30 个正方形。

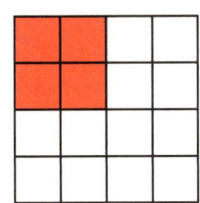 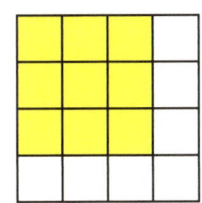 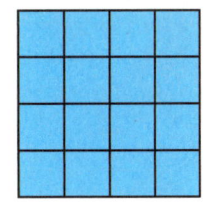

小技巧：

1. 数一数每行有几个小正方形。
2. 这个数的平方加比它小 1 的数的平方……一直加到 1 的平方。

知识我会用  同学们，前面讲的方法你们掌握了吗？我来考考你。

❶ 右图中共有多少个正方形？

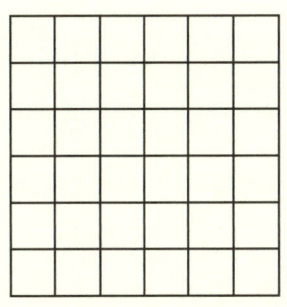

❷ 在 3×3 的方格纸中的 12 个格点处各有 1 枚钉子，以这些钉子中的某 4 枚为顶点，用橡皮筋围成一个正方形。一共可以围出多少个正方形？

智慧小链接

同学们，你们发现了吗？前面用到了"分类讨论"的思想方法哦。

　　有些较复杂的问题有时无法通过统一探究来解决，这时可以把探究的对象按照一定标准进行分类并逐类讨论，再整理每一类的结论，使得问题得到解决。这种解决问题的思想方法在数学中被称为"分类讨论"的思想方法。

　　比如，我们今天研究的正方形个数的计数问题，就是按照小正方形组成数量的不同进行分类的，可以分成 1 个小正方形、4 个小正方形组成的大正方形、9 个小正方形组成的大正方形以及 16 个小正方形组成的大正方形等。像这样的"分类讨论"在数学中还有很多，比如，我们之前学过的"巧数图形"，就可以通过分类进行讨论。同学们可以试一试哦！

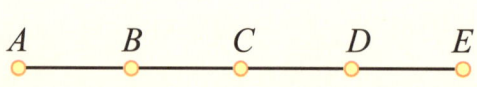

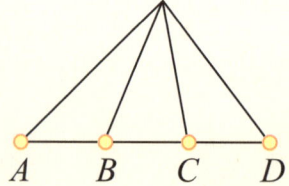

13 寻找最大的积

  同学们，你们会寻找最大的积吗？我们一起来学习一下。

动手操作

计算出下列各图形的周长和面积。（单位：cm）

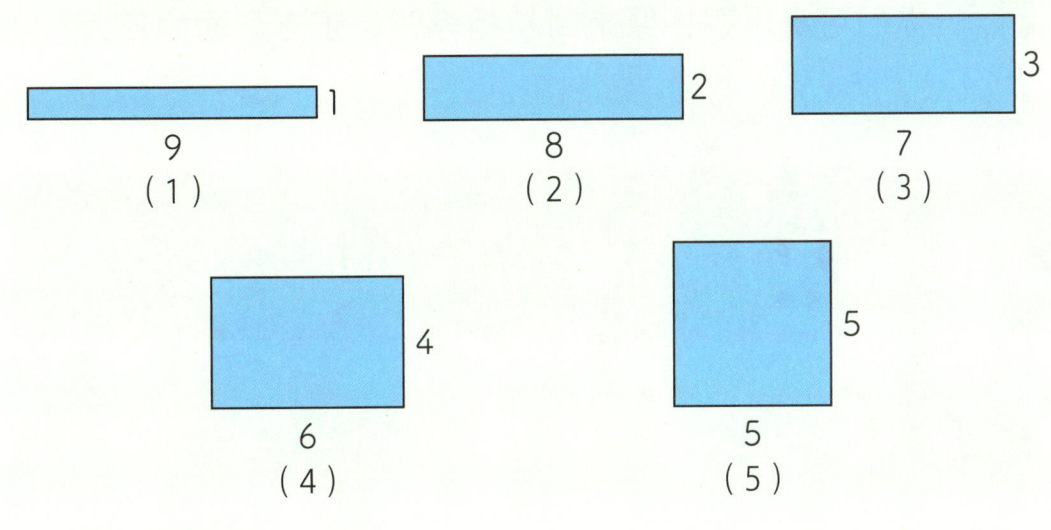

一起来交流

好呀！这可难不倒我。

图（1），周长：（1+9）×2=20（cm）；

面积：$1×9=9（cm^2）$。

图（2），周长：（2+8）×2=20（cm）；

面积：$2×8=16（cm^2）$。

后面三个看我的。

图（3），周长：（3+7）×2＝20（cm）；
面积：3×7＝21（cm²）。

图（4），周长：（4+6）×2＝20（cm）；
面积：4×6＝24（cm²）。

图（5），周长：（5+5）×2＝20（cm）；
面积：5×5＝25（cm²）。

你们可真厉害！原来周长相等时，正方形面积最大。

动手来探究

其实数学中隐藏着很多关于"最大"的秘密，我们来研究一下吧！

动手操作

用1、2、3、4编一道两位数乘两位数的算式（每个数字只能用一次），你能写出多少道？哪道算式的积最大呢？把你的想法写下来。

13. 寻找最大的积

一起来交流

我来写：
12×34＝　　12×43＝　　13×24＝　　13×42＝
14×23＝　　14×32＝　　21×34＝　　21×43＝
23×14＝　　23×41＝　　24×13＝　　24×31＝
31×24＝　　31×42＝　　32×14＝　　32×41＝
34×12＝　　34×21＝　　41×23＝　　41×32＝
42×13＝　　42×31＝　　43×12＝　　43×21＝

可以用排除法。要让积最大，需要十位上的数字最大，这样十位上只能是4和3，就只剩下41×32和42×31这两道算式了，再计算，41×32＝1312和42×31＝1302，因此算式41×32的积最大。

这其中有什么奥秘呢？让我们继续来探究！

动手操作

用2、3、4、6编一道两位数乘两位数的算式（**每个数字只能用一次**），你能写出多少道？积最大的是哪一道？为什么？

一起来交流

像刚才一样的方法,要让2、3、4、6编写的算式积最大,那么十位上只能是4和6,这样就只剩下62×43和63×42两道算式了,再计算一下,62×43=2666,63×42=2646,可知,62×43的积最大!

比较上面两道题,你是怎么找到积最大的那道算式的呢?

用1、2、3、4编一道两位数乘两位数的算式(每个数字只能用一次)。

42×31=1302, 41×32=1312 。

用2、3、4、6编一道两位数乘两位数的算式(每个数字只能用一次)。

62×43=2666 , 63×42=2646。

我们发现,要寻找积最大的算式,应先找出两个因数的最高位上分别是最大的两个数字的所有算式,再看当这些算式中每道算式的两个因数的和相等时,差越小的算式,积越大。

13. 寻找最大的积

神奇大揭秘

同学们，通过前面的讲解，你们发现了什么？一起来看看。

动手操作

当两个因数的和相等时，为什么差越小的算式，积越大？

一起来交流

我们来举例并画图说明。

和	第一个因数（两位数）	第二个因数（两位数）	差	积
26	10	16	6	160
	11	15	4	165
	12	14	2	168
	13	13	0	169
	14	12	2	168
	15	11	4	165
	16	10	6	160

16 × 10 = 160

15 × 11 = 165

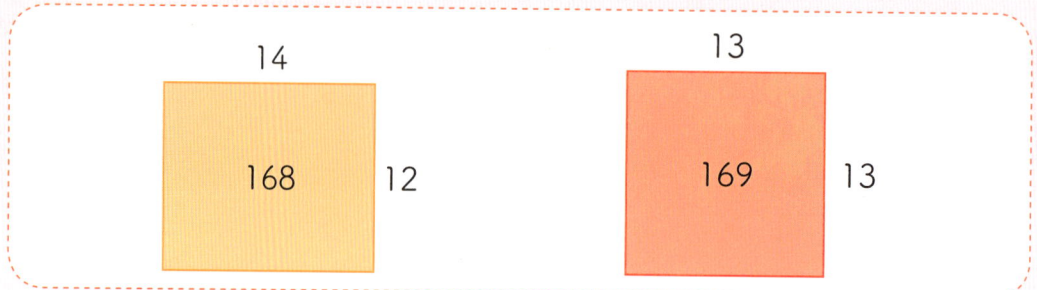

我们发现，当两个因数的和相等时，其差越小，积越大。用图形来解释就是：当长和宽长度越接近时，图形面积越大，正方形面积最大。

知识我会用　同学们，前面讲的方法你们都掌握了吗？我来考考你。

　　请用0、2、3、4、5这五个数字编一道三位数乘两位数的算式（每个数字只能用一次），你能写出多少道？哪道算式的积最大？

　　（1）想一想：哪些位置上的数是可以确定的？

　　（2）算一算：把不确定的算式都写下来，并计算。

　　（3）找一找：快速写出这道算式的秘诀。

我们发现，带有0的算式，把0放在末尾，实际上和前面的4个数字的计算方法是一样的。你找对了吗？

13. 寻找最大的积

智慧小链接  同学们，类似这样的问题，你们还会解决吗？来试试吧。

请用 1、2、3、4、5 这五个数字编一道三位数乘两位数的算式（每个数字只能用一次），哪道算式的积最大呢？

 我马上想到 521×43 和 52×431 这两道算式中的一道最大。但具体是哪一道呢？要确定是哪一道有什么好办法吗？1 的位置如何快速确定？

 我们只要分别算一下这两道算式中两个因数的差就可以了。
431－52＝379，521－43＝478，379＜478，因此 1 要放在大的数 3 的后面，而不是 2 的后面。
至于 1 为什么要放在 3 的后面，我还能用下面的式子来解释：
521×43 ⟶ (520＋1)×43 ⟶ 520×43 ＋ 1×43
52×431 ⟶ 52×(430＋1) ⟶ 52×430 ＋ 1×52
你明白了吗？

14 数字华容道

扫码听讲解

数学真奇妙  同学们,你们玩过"数字华容道"游戏吗?一起来学习一下。

读一读

"数字华容道"是一款经典的益智类数学游戏。游戏要求用最少的步数、最短的时间将棋盘上的数字方块按照从小到大、从左到右、从上到下的顺序重新排列整齐。

该游戏的最大特色是挑战自己的大脑和动手操作的速度,它可以随意打乱棋盘上数字方块的位置,随时随地训练自己的大脑。

"数字华容道"棋盘有大小之分,数字方块的数量也有所不同。有8块、15块、24块、35块等不同数量的"数字华容道"。数字方块的数量不同,重新排列的难度也不同。

游戏规则

如图，只准利用1个空平面移动，不许把数字重叠，也不许跨过任何数字，用最少的时间把数字按从小到大的顺序移好。

一起来交流

应该先移动哪个数字呢？

我认为应该先移动数字"15"。

我想先移动数字"1"。

我也认为应该先移动数字"1"，因为"1"排在第一个，要最先确定。

在玩"数字华容道"时，要先确定排在前面的数字，但是怎样才能把这些数字移到相应的位置呢？让我们继续深入研究一下吧！

动手来探究

如何将"数字华容道"中的数字快速还原呢?我们一起来探究。

动手操作

为了研究方便,我们把其他的数字都翻过去(如下右图),请同学们尝试将数字"1"移到数字"15"这个位置。

一起来交流

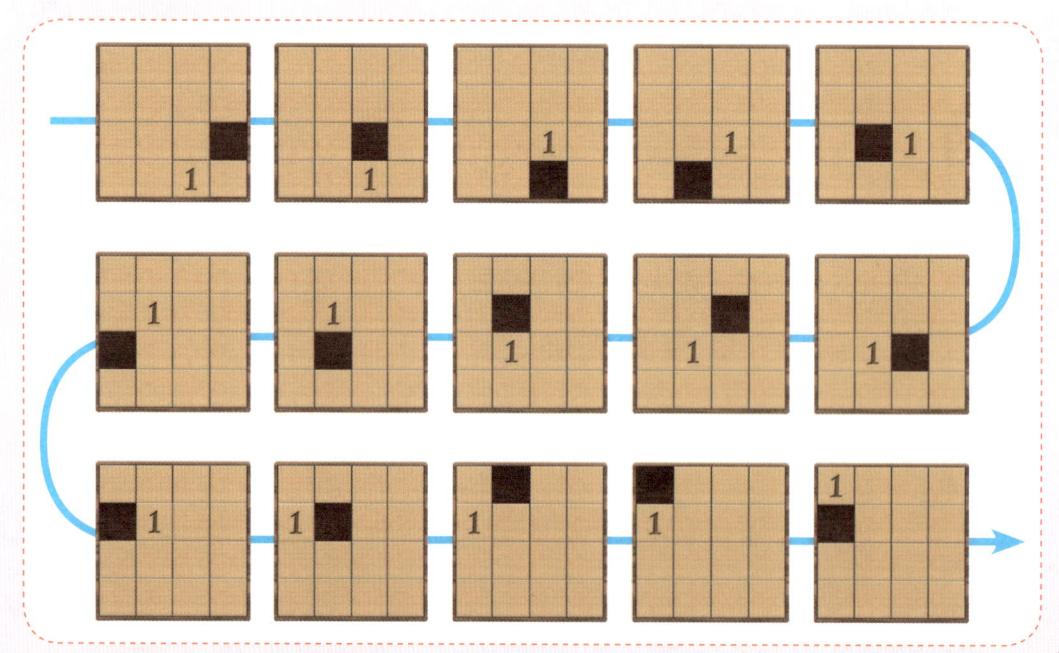

 我发现,每次都要把数字"1"上面或左边的位置空出来,再移过去就可以了。

我还发现其实就是在4个格子里转圈,就为了将"1"移到左上角的位置。

 你们说得非常好!看来要想移动数字,都需要像这样有1个空格的田字格。你能用这样的方法试着还原第1行吗?

数字"1""2""3"都可以顺利还原,但是"4"不能直接移入,该怎么办呢?

 在D1处有其他数字占位时,很容易将"4"排列在D3位置,如右图。
像下面这样,把数字"1、2、3"移好后再后退一下,然后把数字"4"移上去,就可以还原了。

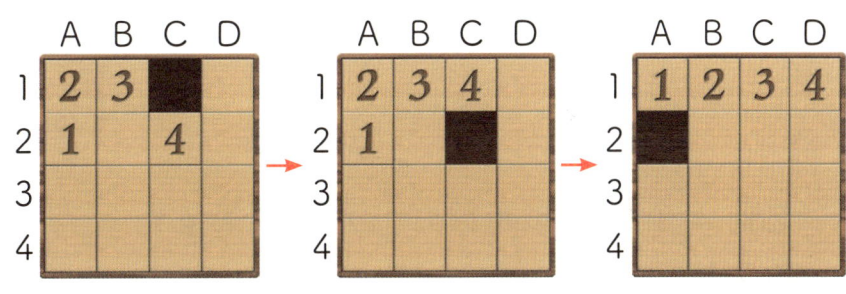

我发现4格不够用了,要用6格来调整,退"3"入"4"再回。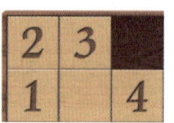

 我是这样想的:数字"1、2"不动,数字"3"移动到数字"4"的上面,然后再一起还原。

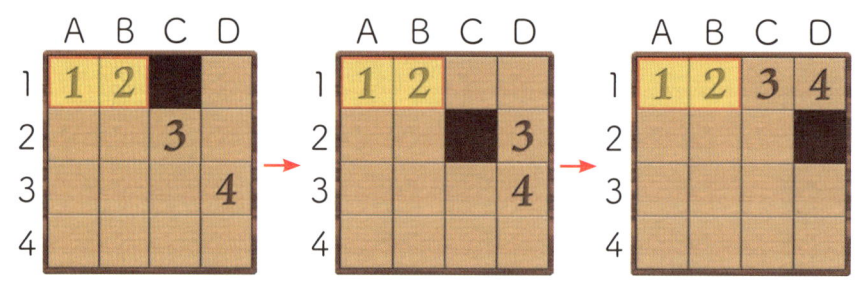

 **神奇大揭秘** 同学们,通过前面的讲解,现在你能尝试还原剩下的数字吗?

 我发现还原第3行、第2行和第1行的方法都是一样的!但是数字"13、14、15"怎么也还原不了。

之前4个数字都能移好,为什么第4行只有3个数字却不行了?

虽然有空位,但是都在一行里,所以这3个数字移来移去都是一样的,顺序变不了。

我有办法了,你们看,我们可以把第3行移到一边,给第4行腾出空间来移动。

也可以把第3行分两边,给第4行留空间。

小技巧:

1. 破解的关键是先以4格为基础移动改变位置,不够时就借助6格来调整。
2. 当摆好前3行,第4行的3个数字摆在一起时,如果是顺时针方向那是不可还原的,如果是逆时针方向是可还原的。

不可还原　　　可还原

知识我会用

 同学们，前面讲的方法你们都学会了吗？我来考考你。

❶ 先摆好数字"1、2、3"，并按下面的位置摆好数字"4"，然后把"4"还原到正确的位置。

❷ 完成下面的"数字华容道"。

智慧小链接  同学们，你们知道"曹操败走华容道"的故事吗？一起来看看。

赤壁之战前，诸葛亮算定曹操必败走华容，且夜观天象，曹操命不该绝。诸葛亮考虑到曹操于关羽有恩，于是派关云长把守华容道，留个人情与关羽做。曹操果然由乌林向华容道败退，并在途中三次大笑诸葛亮、周瑜智谋不足，未在险要处暗设伏兵。然而，曹操一笑笑出赵子龙，多亏徐晃、张郃二人双敌赵云，才使曹操得以逃脱；二笑笑出张翼德，又是张辽、徐晃二将抵挡张飞，使曹操再次脱险；三笑非同小可，笑出了关云长，且又在有一夫当关之险的华容狭路上，加之曹军几经打击，此时已无力再战。无奈，曹操只得亲自哀求关羽放行，关羽念旧日恩情，义释曹操，使曹操得以回到江陵。

15 有意思的平方差

扫码听讲解

数学真奇妙  同学们,你们知道平方差吗?一起来学习一下。

动手操作

下面各图中分别有多少个小正方形?

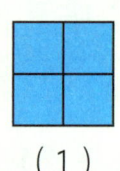
(1)

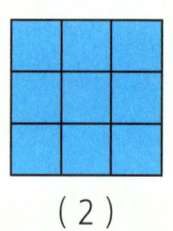
(2)

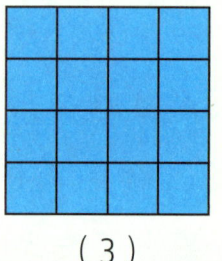
(3)

一起来交流

图(1)中有4个小正方形,算式:2×2=4(个);
图(2)中有9个小正方形,算式:3×3=9(个);
图(3)中有16个小正方形,算式:4×4=16(个)。

我发现,每个方格图中的行数和列数相同,因此每个算式中的两个因数都相同。

像这样的算式,两个2相乘,可以写作2^2,读作"2的平方";两个3相乘可以写作3^2,读作"3的平方"。我们把用这种形式表示的数叫作平方数。用字母表示就是:$a×a=a^2$,读作:a的平方。

在平方数中,有一个很有趣的公式,叫作"平方差公式",即两个数的平方差,等于这两个数的和乘它们的差。用字母a、b表示,可以写成$a^2-b^2=(a+b)×(a-b)$。这是为什么呢?我们来研究一番!

动手来探究

两个数的平方差为什么等于这两个数的和乘它们的差呢?一起来探究。

动手操作

算一算7^2-6^2等于多少,说一说你是用什么方法算的?能解释一下吗?

一起来交流

$7^2-6^2=7\times7-6\times6=49-36=13$。

我可以画图来解释：

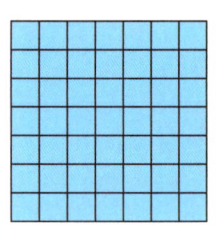 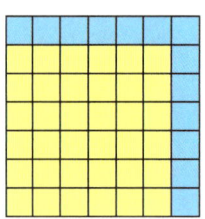 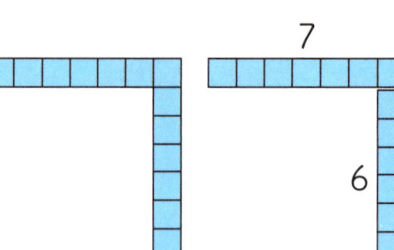

你看，7^2-6^2 就相当于从 7×7 的方格图中去掉一个 6×6 的正方形，还剩一行一列，共 $7+6=13$（个）小正方形。因此，$7^2-6^2=7+6=13$。

哪种方法更简便呢？

动手操作

❶ 算一算 9^2-8^2。

方法一：$9^2-8^2=($ $)\times($ $)-($ $)\times($ $)=($ $)$。

方法二：涂一涂。

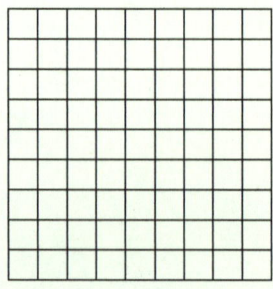

❷ 9^2-8^2 就是从 9×9 的方格图中去掉一个（　　　　）的正方形，剩下的图形有（　　）个小正方形。

❸ 算一算。

$4^2-3^2=$

$8^2-7^2=$ _____

$10^2-9^2=$ _____

$5^2-4^2=$ _____

一起来交流

哇，我发现，两个数的平方差就等于这两个数的和。

你的发现适合所有数吗？

我举的例子用华华的方法就不行，你看：
$6^2-4^2 \rightarrow 6+4=10$，$6^2-4^2=6×6-4×4=20$；
$5^2-2^2 \rightarrow 5+2=7$，$5^2-2^2=5×5-2×2=21$。
两种方法得到的结果并不一样，右边的肯定是对的。那华华的方法到底哪里出问题了呢？

  同学们,你们知道问题到底出在哪里吗?一起来看看。

一起来交流

我们以 6^2-4^2 为例。
看,从 $6×6$ 的方格图中去掉一个 $4×4$ 的正方形,剩下的图形如图(4)所示。

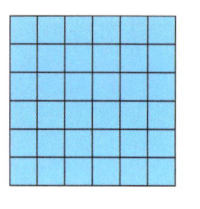

(1)　　(2)　　(3)　　(4)

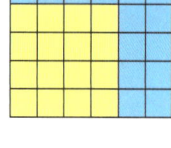 我们把剩下的部分移动一下,就转化成了一个长方形,如图(5)所示,
(5)
发现长方形的长是(6+4),宽是2,也可以看作(6−4)。
宽为什么是(6−4)呢?看图(6),就是从6个里取走了4个。
因此 $6^2-4^2=(6+4)×(6-4)=20$。

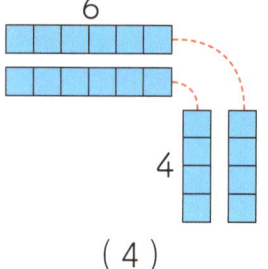

(6)

 方法一:$6^2-4^2=6×6-4×4=20$;
方法二:$6^2-4^2=(6+4)×(6-4)=20$。
我发现方法二好神奇啊,刚好是两个数的和乘两个数的差。这种方法对所有数的平方差都适用吗?

我们来验证一下。

$8^2-6^2=8×8-6×6=64-36=28$；
$8^2-6^2=(8+6)×(8-6)=28$。

$5^2-3^2=5×5-3×3=25-9=16$；
$5^2-3^2=(5+3)×(5-3)=16$。

$7^2-3^2=7×7-3×3=49-9=40$；
$7^2-3^2=(7+3)×(7-3)=40$。

$9^2-5^2=$

$9^2-5^2=$

方法总结：两个数的平方差等于这两个数的和乘它们的差。用字母表示就是：$a^2-b^2=(a+b)×(a-b)$。

知识我会用  同学们，前面讲的方法你们都学会了吗？我来考考你。

❶ 练习。

$7^2-2^2=$ $11^2-10^2=$

$25^2-24^2=$ $15^2-10^2=$

$50^2-40^2=$ $100^2-99^2=$

❷ 如图，大正方形的边长为 10 cm，小正方形的边长为 6 cm。图中涂色部分的面积是多少平方厘米？

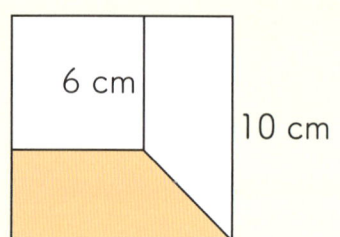

智慧小链接  "平方差公式"还与我们的民族文化有关呢，一起来看看。

"平方差公式"蕴含着丰富的民族文化背景。水族文化源远流长，有被誉为"古文字活化石"的水书，也有被誉为"刺绣中的活化石"的马尾绣，还有剪纸、银饰、蜡染、服饰、铜鼓、芦笙等。如图，鞋垫的纹理、马尾绣背儿带、服饰绣片纹理中都蕴含"平方差公式"。

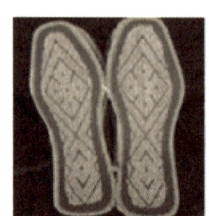  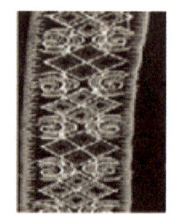

16 数字搭配问题

扫码听讲解

数学真奇妙  同学们,今天我们来学习一下数字搭配问题。

动手操作

用 1、2、3 可以组成多少个没有重复数字的两位数?先想一想,再写一写。

一起来交流

 我能想出 4 个:23、12、31、21。

12、23、32、13、21、12、31,我能想出 7 个两位数。

 我猜是 9 个两位数:11、12、13、21、23、22、32、33、31。

咦,怎么大家的答案都不一样呀?到底谁的才是对的呢?

不要着急。想想怎样才能"有序思考",做到不重复、不遗漏。大家先来看看自己的答案有哪里不对。

我的答案是:23、12、31、21。我漏掉了 32、13。

12、23、32、13、21、12、31。我的答案出现了两个 12。

11、12、13、21、23、22、32、33、31。我的答案出现重复数字了。

由此看来,"有序思考"是多么重要呀!

动手来探究

同学们,如何进行"有序思考"呢?我们一起来探究。

动手操作

再来写一写用 1、2、3 可以组成的没有重复数字的两位数,然后说说你的方法。

我用固定十位法写出了6个两位数。

1 2
1 3
2 1
2 3
3 1
3 2

我也写出了6个两位数,但我采用的是固定个位法。

2 1
3 1
1 2
3 2
1 3
2 3

我采用数字交换法。我先选定两个数字,然后交换位置:12、21、13、31、23、32。我也写出了6个两位数。

你们三个人的方法有没有共同特点?能不能用一道算式来表示呢?

是 2×3=6 吗?

3×2=6 也可以。

同学们，你们知道每种方法中的 3 和 2 分别表示什么意思吗？

用 1、2、3 可以组成多少个没有重复数字的三位数？你能用学到的方法有序地写一写吗？

一起来交流

我来写。123、132、213、231、312、321，也是 6 个呢！

同学们，你们发现了吗？用 1、2、3 可以组成 6 个没有重复数字的两位数，也可以组成 6 个没有重复数字的三位数。这是怎么回事呢？其中的奥秘是什么？

神奇大揭秘

 用1、2、3组成的没有重复数字的两位数和三位数为什么都是6个呢？

一起来交流

 我们可以结合"固定十位法"来解释。组成的两位数，十位上可以是1、2、3三种情况，那么每种情况的个位上就只有两种情况了。如十位上是"1"，个位上只能是"2"和"3"两种情况，组成12和13。因此一共可以组成 3×2=6（个）两位数。
你能理解组成三位数的情况吗？请你想一想，再算一算。

十位	个位	
1	2	12
	3	13
2		21
		23
3		31
		32

百位	十位	个位		
1	2	3	12	3
		3	13	2
			21	3
2			23	1
			31	2
3			32	1

3×2×1=6（个）

用1、2、3可以组成多少个**可以有重复数字**的三位数？你是怎么想的？

是 3×3×3＝27（个）三位数。我是这样想的：如考虑百位，百位上是 1，就有 9 种选择。

百位上是 1	111、112、113、121、122、123、131、132、133
百位上是 2	211、212、213、221、222、223、231、232、233
百位上是 3	311、312、313、321、322、323、331、332、333

我是这样想的：因为可以有重复数字，那么百位、十位、个位上分别都有三种情况，所以就有 3×3×3＝27（个）三位数。

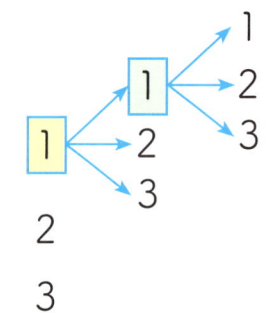

知识我会用

 同学们，前面讲的方法你们都学会了吗？我来考考你。

❶ 用 0、2、8 可以组成多少个没有重复数字的三位数？

现在这三个数字能组成 6 个三位数吗？想一想为什么？（0 不能放在首位哦！）

❷ 下面的三个密码锁，都是由三个数字组成的，老师忘了密码，想要打开它们分别最多需要试几次？

6 7 8　　（　　）次，算式：_____

0 1 2　　（　　）次，算式：_____

0 0 7　　（　　）次，算式：_____

0 怎么又可以放在首位了呢？

智慧小链接

前面讲的知识涉及排列与组合哦，那么排列与组合有什么区别呢？

排列是按照一定的顺序排成一列。强调顺序性。

组合是不一定按照顺序组成一组。强调组合性。

因此，"有序"与"无序"是区别排列与组合的重要标志。

例如：甲、乙两人排队，先排甲，那么站法是甲、乙；先排乙，那么站法是乙、甲，是两种不同的排法，与先后顺序有关，因此是排列。

例如：从甲、乙两个球中选 2 个，无论是先选甲，还是先选乙，选到的都是甲和乙两个球，与先后顺序无关，因此是组合。

17 蚂蚁分家

扫码听讲解

数学真奇妙

 同学们，今天我们来玩个"蚂蚁分家"的游戏吧。

游戏规则

蚂蚁分家：就是把多只蚂蚁所在的"家"按照要求分割成几个完全一样的小"家"。

比如，把下面这幅图分成形状、大小相同的 2 个家，让每个家里都有 1 只蚂蚁。

一起来交流

 好呀，这肯定难不倒我！看，我将这个图形分成 2 个长方形或 2 个正方形，就成功了。

2 个长方形

2 个正方形

17. 蚂蚁分家

我有不一样的方法。看，我分成的 2 个图形像字母 L，我称它为 L 形。

2 个 L 形

2 个 L 形

不错哦！给你们增加点难度，看看能不能分成功。

  同学们，下面难度升级啦，你还会分吗？

动手操作

请将下面这幅图分成形状、大小相同的 2 个家，并让每个家都有 2 只蚂蚁。

现在有 16 个格子和 4 只蚂蚁,该怎样分才能使得每个家都有 2 只蚂蚁呢?

 试着分成两个长方形。看,竖着分每个家里都有 2 只蚂蚁,但是横着分不行,有一个家里有 3 只蚂蚁。

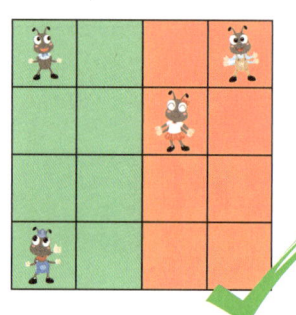

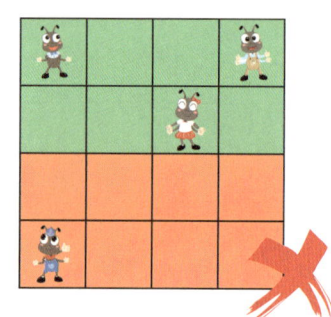

可以把你竖着分的情况稍作变化,交换红色和绿色小方块,就可以得到不一样的三种分法。

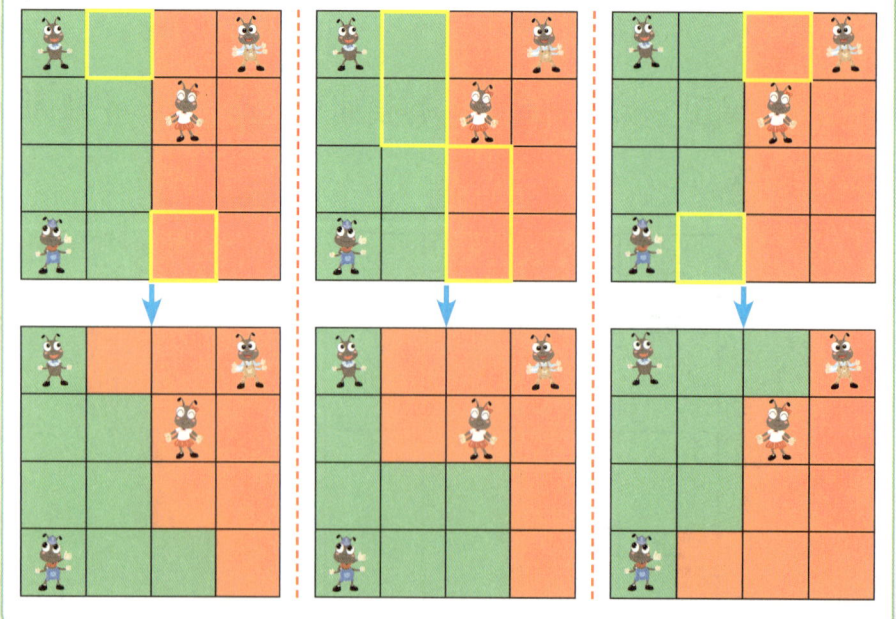

17. 蚂蚁分家

神奇大揭秘

同学们，通过前面的探究过程，你们发现了什么？一起来看看。

动手操作

❶ 将前面的图形分成 2 个家不难。你能把它分成形状、大小相同的 4 个家，并让每个家都有 1 只蚂蚁吗？把你的想法试着在下面的图中涂一涂吧！

❷ 如果将蚂蚁的位置换一下，你还能把它分成形状、大小相同的 4 个家，并让每个家都有 1 只蚂蚁吗？

一起来交流

第 ❶ 题，要将这个图形分成 4 个家，使得每个家都有 1 只蚂蚁，我们可以这样做：

第一步：先分成 2 个家，每个家里有 2 只蚂蚁；

第二步：把这 2 个家根据蚂蚁的位置再分成 2 个形状一样的家。

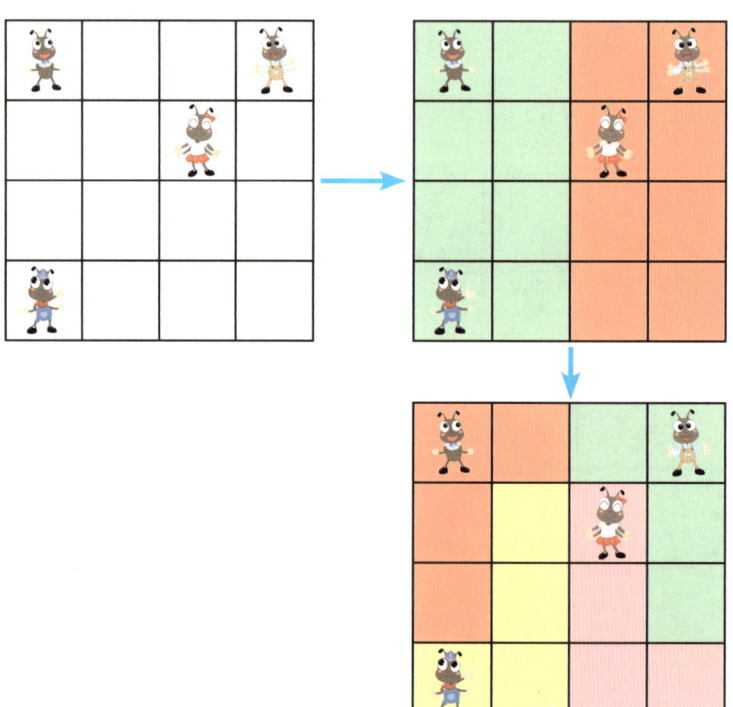

第 ❷ 题，蚂蚁的位置换了，但方法不变。

17. 蚂蚁分家

知识我会用  同学们，前面讲的方法你们都学会了吗？我来考考你。

❶ 请将下图分成形状、大小相同的 4 个家，并让每个家都有 1 只蚂蚁。

❷ 请将下图分成形状、大小相同的 3 个家，并让每个家都有 1 只蚂蚁。

智慧小链接

类似的问题，你们还会解决吗？来试试巧分图形吧。

如何任意画一条直线，将长方形分割成完全相同的两个部分？其实这条直线只需要穿过长方形的中心就可以了。如图，连接长方形的两条对角线相交于一点，这个点就是长方形的中心。只需穿过中心，任意画一条直线都可以将长方形分成完全相同的两个部分。

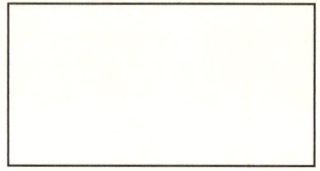 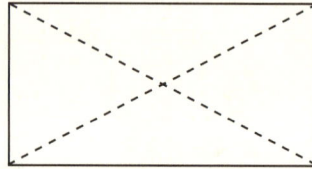 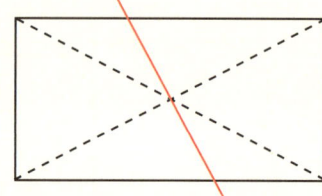

如果将下面这个组合图形分割成面积相同的两个部分，可以怎么做呢？

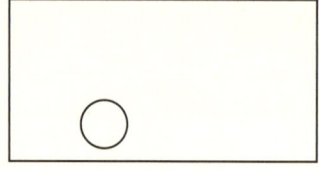

其实方法很简单，只要同时找到圆和长方形的中心，画一条连接这两个点的直线并延长，就可以将这个组合图形分割成面积相同的两个部分了。

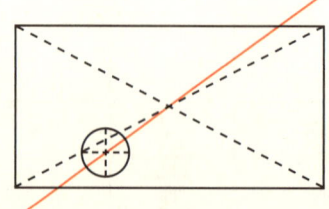

18 神奇的数字黑洞

扫码听讲解

数学真奇妙  同学们,你们听说过"黑洞"吗?一起来了解一下吧。

黑洞是天文学中的一个概念,它是宇宙空间内存在的一种非常神秘的天体。它的体积很小,但是密度却大得惊人;它的吸引力极强,任何物质经过它的附近,都要被它吸引进去,包括光线都逃不脱。这种神秘的现象就叫作黑洞现象。

 在数学中也有这种神秘的黑洞现象,叫作数字黑洞。

数学也有黑洞现象吗?什么是数字黑洞?

 数字黑洞是指一种运算,一般从某些整数出发,按照一定的规则反复计算后,结果落入一个数,保持不变。下面让我们一起去探索数字黑洞的奥秘吧。

  同学们,数字黑洞有很多种,我们先来研究三位数的数字黑洞吧。

 让我们一起来看看规则:
(1) 任意选择三个不同的数字;
(2) 用这三个数字组成不同的三位数;
(3) 用最大的数减最小的数;
(4) 用得数(三位数)中的三个数字,不断重复上面的步骤。
赶快试试吧!

 我选择的三个数字是6、8、9。

 同学们,你们能接着计算吗?

次数	第1次	第2次	第3次	第4次	第5次	第6次	…
三个数字	6、8、9	2、9、7	6、9、3				
最大的数	986	972					
最小的数	689	279					
差	297	693					

我发现:_____。

 请再选三个数字试试看。

我选择的三个数字是：_____。

次数	第1次	第2次	第3次	第4次	第5次	第6次	…
三个数字							
最大的数							
最小的数							
差							

我发现经过几次计算，最后的结果都是：_____。

我发现，不管怎么计算，结果都是495。这个神奇的数"495"被人们称为三位数的数字黑洞。

神奇大揭秘

 必须是三个不同的数字吗？有0行不行？一起来看看。

 三位数的数字黑洞，需要三个不完全相同的数字（像111就不行）。除了像689这样每个数位上的数字都不一样外，还可以用其中两个数位上的数字相同的数，如699。我们可以试着将699重排求差。

这个我来算：
996－699＝297，972－279＝693，
963－369＝594，954－459＝495。
哇，最终又回到了495这个数字黑洞。

如果三个数字中有0，则要将数字重组后的最小的数的百位补0再计算，如990，重排求差后就是用990－099来计算，得到891，重复计算后会发现结果还是495。

哇，好神奇啊！那四位数有数字黑洞吗？如果有，是多少？五位数呢？

任意选择四个数字，如6、7、8、9，按前面的规则计算，得到：

次数	第1次	第2次	第3次	第4次	…
四个数字	6、7、8、9	3、0、8、7	8、3、5、2	6、1、7、4	
最大的数	9876	8730	8532	7641	
最小的数	6789	0378	2358	1467	
差	3087	8352	6174	6174	

可以发现，最终的结果是6174，且不断循环，因此四位数的数字黑洞是6174。

你们知道吗？最早发现四位数数字黑洞的是印度的数学家卡布列卡。

 五位数也有数字黑洞，但不同的是，它不再是"一个"数，而是几组数：

第一组：74943，62964，71973，83952；

第二组：63954，61974，82962，75933；

第三组：53955，59994。

任意五个不完全相同的数经过重排求差，都会在上面其中一组中不断循环。

知识 我会用  同学们，前面讲的方法你们都学会了吗？我来考考你。

❶ 如果是300，你能用重排求差的方法计算出495吗？

❷ 在0、1、2、3、4、5、6、7、8、9中任选四个不尽相同的数，组成最大的数和最小的数，求出两数之差，将得到的差（千位是0的要保留0）中的四个数字重新排列，不断重复上面的运算，结果是多少？请把过程写出来。

智慧小链接

 同学们，你们还知道其他的数字黑洞吗？一起来看看。

在数学王国里，还有很多的数字黑洞。只要设定的规则不同，就会出现不同的数字黑洞。

黑洞 123

①设定一个任意数字串，例如：1234567890。

②偶：数出这个数字串中的偶数个数，在本例中为2，4，6，8，0，总共有5个。

③奇：数出这个数字串中的奇数个数，在本例中为1，3，5，7，9，总共有5个。

④总：数出这个数字串中数字的总个数，在本例中为10。

⑤新数：将答案按"偶—奇—总"的位序，排出得到的新数，为5510。

⑥将新数不断重复步骤⑤的做法：5510→134→123。

黑洞 153

任意找一个是3的倍数的数字，把每一个数位上的数都立方求和，得到一个新数。继续把新数的每一个数位上的数再立方求和。这样重复运算下去，最终结果均为153。

角谷猜想

角谷猜想也叫冰雹猜想。

任何一个自然数，如果是偶数，就除以 2；如果是奇数，就乘 3 再加 1。最后，经过若干次迭代得到 1。

1976 年的一天，《华盛顿邮报》于头版头条报道了一条数学新闻。文中记叙了这样一个故事：

20 世纪 70 年代中期，美国各所名牌大学校园内，人们都像发疯一般，夜以继日，废寝忘食地玩一个数学游戏。这个游戏十分简单，即任意写出一个正整数 n，并且按照以下规律进行变换：

如果是奇数，则下一步变成 $3n+1$。

如果是偶数，则下一步变成 $\dfrac{n}{2}$。

不单单是学生，甚至连教师、研究员、教授都纷纷加入。这个游戏为什么有这么大的魅力呢？因为人们发现，无论 n 是怎样一个数字，最终都无法逃脱回到谷底 1。准确地说，是无法逃出落入底部的 4—2—1 循环。

同学们，神奇的数学王国等待你们去发现、去探索，有新奇的东西别忘了和大家分享哦！

19 神奇的 142857

扫码听讲解

数学真奇妙  同学们,你们知道埃及金字塔吗?了解神奇的数字"142857"吗?

读一读

金字塔是埃及著名的建筑,是世界八大建筑奇迹之一。现在的尼罗河下游,散布着约 80 座金字塔遗迹,大小不一,其中最高大的是胡夫金字塔。在国王哈夫拉的金字塔旁,还矗立着一座象征国王权力与尊严的狮身人面像。在金字塔内发现了一组神奇的数字——142857。

一起来交流

这组数字到底神奇在哪儿呢?

观察下面几道算式,你有什么发现?
142857×1=142857
142857×2=285714
142857×3=428571
142857×4=?

19.神奇的142857

我发现142857乘1、2和3的积还是由1、4、2、8、5、7这六个数字组成的，只是顺序不一样。

按照慧慧发现的规律，142857×4的积也应该由这六个数字组成。我猜可能是547128，对不对呢？

我算出来了，142857×4=571428。你猜错啦。

动手来探究  142857乘1～4的积有没有规律呢？我们一起来探究一下吧！

通过下面这几道算式，你能找出其中的规律使得可以快速判断142857乘一个数（小于7）的乘积是多少吗？

142857×1=142857，142857×2=285714，

142857×3=428571，142857×4=571428。

我发现，142857 乘 1～4，它们的积的最高位是从小到大排列的。

$$142857×1=142857$$
$$142857×2=285714$$
$$142857×3=428571$$
$$142857×4=571428$$

我仔细观察了这些积中六个数字的排序，发现它们就像排队伍，几个前面的数字移到后面去，其他数字的顺序不变。

结合你们的发现，我找到了确定 142857 乘小于 7 的数的规律。看，其实我们只需要先确定积的最高位，再按 142857 的顺序来排列就可以了。

比如 142857×4，通过前两位 14×4=56 可以知道 142857×4 积的最高位是 5，那么就把 "1428" 往后移动，得到 571428。

确定最高位

往后移动

还可以先确定积的个位是多少，再按142857的顺序来排列。

比如142857×4，通过最后一位数字7×4=28可以知道142857×4积的个位是8，那么就把8后面的"57"往前移动，得到571428。

我觉得可以更方便一些。看，只要把这六个数字按顺时针顺序排成一个圈，像"走马灯"一样，再用你们的方法会更轻松哦！

哇，好厉害！我来试一试：142857×3积的最高位是4，那么就从4开始顺时针排列，刚好是428571。

142857×3积的个位是1，那么就从1的下一位开始顺时针排列，刚好是428571。

太棒了，你们已经发现了它们的规律，那么快速算出下面两道题的得数吧。

142857×5＝　　　　　142857×6＝

我们已经找到了 142857 乘 1~6 的积的规律，快速算一算 142857×7 的积。

142857×7＝999999。哎？为什么乘 7 的积这么特殊？

神奇大揭秘  同学们，通过前面的探究，你们发现了什么？一起来看看。

142857×1＝142857　　　142857×4＝571428
142857×2＝285714　　　142857×5＝714285
142857×3＝428571　　　142857×6＝857142

像这样的，142857 乘小于 7 的数的积还是由 142857 组成，且按一定顺序排列的一组数字，被称为"蜻蜓咬尾数"。

而 142857×7=999999 有一个传说：古埃及人用 142857 来证明一星期有 7 天，每过一天，它自我累加一次，于是就出现了由不同数字带领其他数字轮流值日，经过六天时间，它们都轮流一次，第七天放假啦，由 999999 去代班。

第一天	第二天	第三天	第四天	第五天	第六天	第七天
142857	285714	428571	571428	714285	857142	999999

太有意思啦！那如果继续乘下去又会有怎样的变化呢？

看，下面是 142857 乘 8～14 的积，你有新的发现吗？

142857×8=1142856
142857×9=1285713
142857×10=1428570
142857×11=1571427
142857×12=1714284
142857×13=1857141
142857×14=1999998

我发现每道算式的积，只要把最高位上的数字加到个位上去，又变成了由1、4、2、8、5、7组成的数。

$142857×8=1142856$ （7加到个位）

$142857×9=1285713$

$142857×10=1428570$

$142857×11=1571427$

$142857×12=1714284$

$142857×13=1857141$

$142857×14=1999998$

看，142857 乘 8 的积其实是将 142857 的个位上的 7 拆成了 1 和 6，其中 1 放到了最前面，6 留到了后面。其他几道算式也有这样的规律。

$142857×1=142857$

$142857×8=1142856$

同学们真厉害，有这么多发现！我们结合前面两组一起看：

第1天	第2天	第3天	第4天	第5天	第6天	第7天
142857	285714	428571	571428	714285	857142	999999
第8天	第9天	第10天	第11天	第12天	第13天	第14天
1142856	1285713	1428570	1571427	1714284	1857141	1999998
7	4	1	8	5	2	9
第15天						第21天
2142855						2999997

竖着看，只要将第一个 7 天的数中的个位数拆成 1 和另一个数，1 放到最前面，就得到第二个 7 天的数；如果拆成 2 和另一个数，就得到第三个 7 天的数，以此类推。

知识我会用

同学们，前面讲的方法你们都学会了吗？我来考考你。

猜一猜，算一算，再想一想。

❶ 142857×16=

❷ 142857×29=

❸ 142857×28=

智慧小链接

同学们，你们知道走马灯吗？一起来了解一下吧。

走马灯古称蟠螭灯（秦汉）、仙音烛和转鹭灯（唐）、马骑灯（宋），汉族特色工艺品，亦是传统节日玩具之一，属于灯笼的一种。常见于元宵、中秋等节日。灯内点上蜡烛，蜡烛燃烧产生的热力形成气流，令轮轴转动。轮轴上有剪纸，烛光将剪纸的影投射在屏上，图像便不断转动。因多在灯的各个面上绘制古代武将骑马的图画，而灯转动时看起来好像几个人在你追我赶，故名走马灯。由于走马灯本身看起来仿佛几个人在你追我赶，因此也用这个词来比喻来往穿梭不停的事物。数学中也有类似的现象，有一串数字叫"走马灯数"，它就是142857。

20 购票学问多

数学真奇妙  同学们，今天，让我们来研究一下购票中的学问吧！

动手操作

国庆节大酬宾，某景点门票的价格如下：

××景区门票价目表	
成人票	10元/张
儿童票	5元/张
团体票（8人及8人以上）	6元/张

如右图，小明一家去该景点游玩，怎样买票最划算？需要多少钱？

一起来交流

 这太简单了！这里有4个成人、3个儿童，那可以买4张成人票和3张儿童票，一共：10×4+5×3=55（元）。

我有一种购票方案比你的更划算。仔细观察门票价目表，团体票每张只用 6 元，小明一家有 7 个人，如果买 8 张门票刚好可以用团体票的价格。

费用：6×8＝48（元）。

虽然多买了一张，但花费的价钱比你的更少，而且多出来的一张还可以送给朋友。这样更划算。

在买门票时碰到不同的人数和类型时如何选择更划算的购票方案呢？一起来探究吧！

  同学们，如何选择更划算的购票方案呢？我们一起来探究。

动手操作

刚才侨侨和佳佳找到了 4 个成人、3 个儿童的购票方案，那 2 个成人、5 个儿童，怎样买票更划算呢？

一起来交流

方案一：2张成人票，5张儿童票。
$10×2+5×5=45$（元）。

方案二：买团体票。
$6×8=48$（元）。

为什么这次分开买反而比买团体票更划算呢？

我们把两次购票问题放在一起来看：

4个成人、3个儿童，怎样买票划算？

方案一：4张成人票，3张儿童票。
$10×4+5×3=55$（元）。

方案二：买团体票。
$6×8=48$（元）。

2个成人、5个儿童，怎样买票划算？

方案一：2张成人票，5张儿童票。
$10×2+5×5=45$（元）。

方案二：买团体票。
$6×8=48$（元）。

神奇大揭秘  同学们，通过前面的交流，你们发现了什么？一起来看看。

 如果是 5 个成人、4 个儿童，怎样买票更划算？

方案一：买团体票。6×9＝54（元）。
方案二：5 张成人票，4 张儿童票。
　　　　10×5+5×4＝70（元）。
方案三：买 8 张团体票，1 张儿童票。
　　　　6×8+5＝53（元）。
看，方案三最划算。

哇，你将 3 个儿童和 5 个成人组成一个刚好 8 人的团体，好聪明！

购票小技巧：
1. 成人多，买团体票划算；儿童多，分开买划算。
2. 人数较多时，如果成人数量达到团体票人数要求，可以购买团体票，儿童购买儿童票；如果成人数量低于团体票人数要求，可以将成人和部分儿童组成最少的团体，购买团体票，剩余儿童购买儿童票。

知识我会用

同学们,前面讲的方法你们都学会了吗?我来考考你。

❶ 博士带着华华、侨侨和佳佳三位小朋友去看电影。如果用现金购票,成人票每张60元,儿童票每张40元;如果用银行卡购票(至少买2张),每张45元。他们怎样购票最划算?

❷ 在上面的问题中,如果换成3个成人带3个儿童去看电影,怎样购票最划算呢?

❸ 在游乐园玩碰碰车,个人票10元,团体票包场300元,限40人。四(5)班34名同学应怎样买票最划算?

4 4位老师带40名学生去参观科技园，怎样买票最划算？

科技园门票价目表	
成人票	10元/张
儿童票	5元/张
团体票（10人及10人以上）	6元/张

  同学们，你们知道中国的火车票发展史吗？一起来了解一下。

　　中华人民共和国成立后，中国铁路的第一代火车票是硬板式火车票。20世纪80年代，深圳火车站率先使用计算机售票，车票也改为软纸式火车票。2008年，国内部分大中型城市的火车站陆续开始发售磁卡式火车票。2011年6月12日，京津城际率先试行网络售票，标志着内地铁路售票首次进入互联网售票时代，实现了火车票的无纸化。

　　在整个变迁过程中，火车票从实体走向虚拟，从手工操作转向自动化和信息化，不仅提高了效率，也改善了旅客的出行体验，体现了科技进步和铁路服务的持续升级。

21 棋盘游戏

数学真奇妙

 同学们,你们玩过跳棋吗?你们观察过跳棋棋盘吗?

一起来交流

 我玩过。看,这就是跳棋的棋盘。棋盘中间是1个六边形,周围有6个小三角形区域。盘面上有很多个洞,可以放玻璃球。

  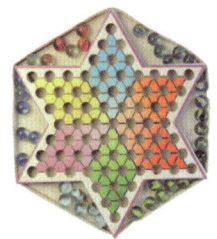

 是的,跳棋很有趣,不过它的盘面更有趣,其中藏着许多数学小秘密哦!同学们,你们知道盘面上一共有多少个小圆洞吗?

 密密麻麻的这也太多了吧。

 看来我得一个一个地数了。

 一个一个地数太麻烦了,有没有更简便的方法呢?

动手来探究

 如何巧妙计算跳棋棋盘上小圆洞的数量呢?我们一起来探究。

动手操作

跳棋棋盘上一共有多少个小圆洞呢?

① 先仔细观察棋盘(如右图所示);
② 圈一圈、画一画并列出算式,算出小圆洞的总个数;
③ 想一想有没有更好的办法。

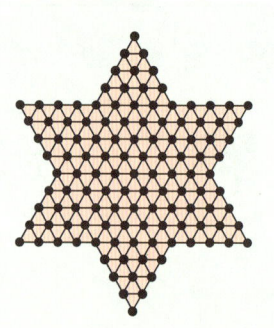

一起来交流

 棋盘周围的每个小三角形上都有10个小圆洞,6个小三角形一共有60个小圆洞;再把中间六边形内每行的小圆洞个数加起来:5+6+7+8+9+8+7+6+5=61(个),因此小圆洞的总个数是60+61=121(个)。

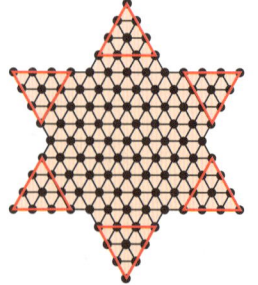 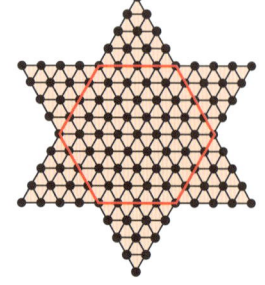

我的方法和你的差不多，不过计算方法有点不同。中间六边形的小圆洞个数我是这样算的：（5＋6＋7＋8）×2＋9＝61（个）。

我的方法：计算中间六边形中小圆洞的个数时，可以一圈一圈地算。最外边一圈每边有5个，交点处的点不要重复数，这样最外圈有24个，第二圈有18个，第三圈12个，第四圈6个，最中间1个，一共61个。60＋61＝121（个）。

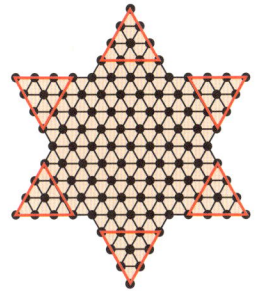

我有不一样的方法。如图，先算中间1个大三角形上小圆洞的个数：1＋2＋3＋4＋5＋6＋7＋8＋9＋10＋11＋12＋13＝91（个）；再加上旁边3个小三角形上的30个小圆洞，一共121个。

还可以这样：先算出其中1个大平行四边形上的小圆洞个数：9×9＝81（个）；再加上4个小三角形上的40个小圆洞，合起来就是121个。

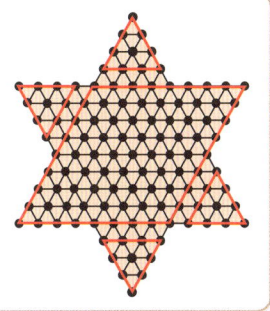

我还有不同的方法。如图，先算出 6 个平行四边形上的小圆洞总个数：4×4×6＝96（个）；再加上中间 3 条线上的：3×8＋1＝25（个），一共 121 个。

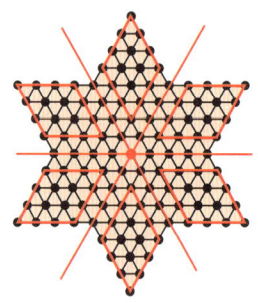

为什么是"3×8＋1"呢？

因为如果中间的 1 个小圆洞先不算的话，每条线上都有 8 个小圆洞，3 条线上一共有 24 个，最后加上中间的 1 个小圆洞，所以是"3×8＋1"。

除了最中间的 1 个小圆洞外，棋盘正好可以分割成 6 个完全一样的平行四边形，每个平行四边形上都有 20 个小圆洞，合起来一共是 20×6＋1＝121（个）。

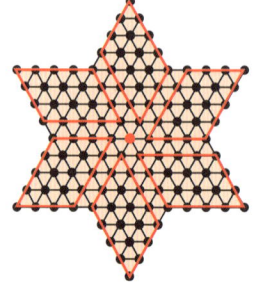

21. 棋盘游戏

神奇大揭秘

 同学们，通过前面的探究过程，大家发现了什么？一起来看看。

前面大家想出了这么多种方法，那么哪种方法最简便呢？

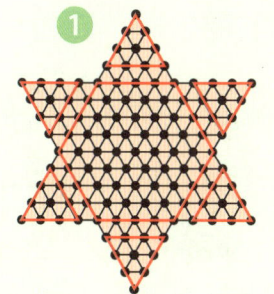
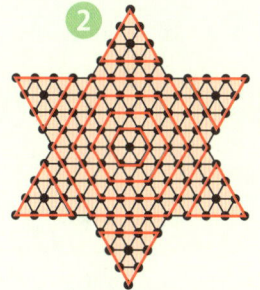
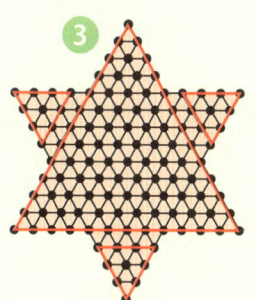
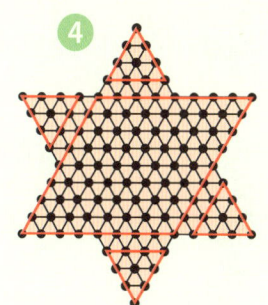
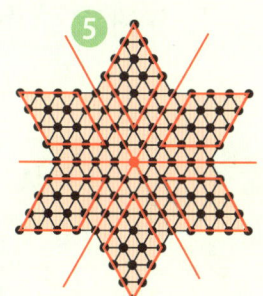
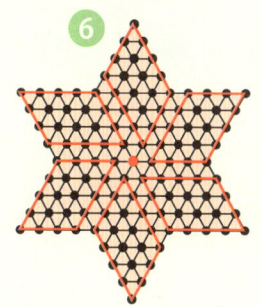

 我觉得把棋盘分成 1 个平行四边形与 4 个小三角形计算总个数比较简便。

 我喜欢把棋盘分成 6 个平行四边形，然后算出小圆洞的总数，再加上最中间的 1 个。

我认为先算出 1 个大三角形上的小圆洞个数,再加上 3 个小三角形上的小圆洞个数这种方法比较容易理解。

 同学们真会思考,每种方法都有其独到之处!

知识我会用  同学们,前面讲的方法你们都学会了吗?我来考考你。

算一算下面这个棋盘上小圆洞的个数是多少。

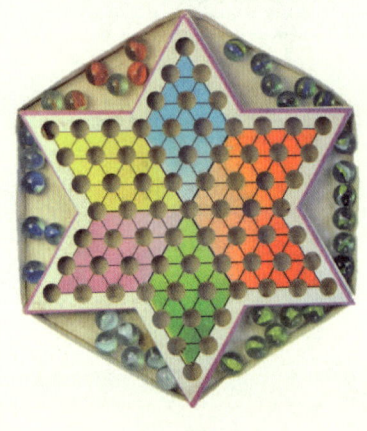

智慧小链接

同学们，你们还知道哪些与跳棋有关的知识？一起来看看。

据史料记载，跳棋最早出现在古埃及、古罗马、古希腊。人们已经从古埃及的坟墓里找到下跳棋的画。在英国的博物馆里珍藏着古埃及的狮子和羚羊下跳棋的篆刻画。法国卢瓦尔存放着两个从金字塔附近挖掘出的大理石跳棋棋盘。

狮子和羚羊下跳棋

古代跳棋传到欧洲、亚洲、非洲和北美洲以后发生了一些变化，在许多国家演变成民族跳棋。棋盘的格数大多数国家都是64格，称为64格跳棋。但是在巴比伦为100格，称为百格跳棋。加拿大的跳棋为144格，双方各有30枚棋子。

64格国际跳棋　　百格跳棋　　四角跳棋　　大清跳棋

跳棋棋盘上还有哪些有趣的数学知识呢？有兴趣的同学可以继续探究哦。

22 小蜜蜂爬蜂房

扫码听讲解

数学真奇妙  同学们，你们见过小蜜蜂爬蜂房吗？一起来看看。

动手操作

如图，小蜜蜂要从自己所在的位置向右爬到 10 号蜂房，一共有多少条不同的路线？

一起来交流

 我猜是 25 条。

我觉得是 20 条，对不对呢？

22. 小蜜蜂爬蜂房

 这都只是我们的猜想，到底谁的猜想最接近正确答案呢？让我们来研究一下吧！

动手来探究  我们先从简单的开始研究，看看有什么规律。

动手操作

❶ 小蜜蜂爬到 1 号蜂房有几条不同的路线？

❷ 那爬到 2 号蜂房有几条不同的路线呢？

 一起来交流

❶ 只有1条，直接到1号蜂房。

 ❷ 有2条不同的路线。第1条路线是先到1号蜂房，再到2号蜂房；第2条路线是直接到2号蜂房。

 小蜜蜂（M）到3号蜂房又有几条不同路线呢？

 我认为有2条路线。小蜜蜂可以先到1号蜂房，再到3号蜂房；或者先到2号蜂房，再到3号蜂房。

我认为还有1条路线。小蜜蜂可以先到1号蜂房，再到2号蜂房，最后到3号蜂房。

 小蜜蜂（M）到3号蜂房有3条不同路线，分别记作：
M→1号→3号；
M→2号→3号；
M→1号→2号→3号。

 让我们再来看看小蜜蜂（M）到4号蜂房有几条不同路线呢？

我认为有 3 条路线：
M→2号→4号；
M→1号→3号→4号；
M→1号→2号→4号。

我认为有 5 条路线。
（1）先写出小蜜蜂按蜂房顺序去爬，也就是小蜜蜂爬遍每个蜂房，有 1 条路线：M→1号→2号→3号→4号。
（2）然后考虑少爬 1 个蜂房，有 3 条路线：
①少爬 1 号蜂房：M→2号→3号→4号；
②少爬 2 号蜂房：M→1号→3号→4号；
③少爬 3 号蜂房：M→1号→2号→4号。
（3）最后考虑少爬 2 个蜂房，只能同时少爬 1 号与 3 号蜂房，又有了 1 条路线：M→2号→4号。

哇！有序思考，就可以做到既不重复也不遗漏。

我也认为有 5 条路线。我是这样想的：小蜜蜂可以从 2 号蜂房爬到 4 号蜂房，也可以从 3 号蜂房爬到 4 号蜂房。前面我们已经知道了小蜜蜂爬到 2 号蜂房有 2 条路线，爬到 3 号蜂房有 3 条路线。因此，爬到 4 号蜂房就有 5 条路线了。

对呀，我们只要在原来爬到 2 号蜂房与 3 号蜂房的 5 条路线后面增加 4 号蜂房就行了。

M → 1 号 → 2 号 → 4 号；

M → 2 号 → 4 号；

M → 1 号 → 3 号 → 4 号；

M → 2 号 → 3 号 → 4 号；

M → 1 号 → 2 号 → 3 号 → 4 号。

没错，那么小蜜蜂爬到 5 号蜂房，就会有 8 条路线。因为小蜜蜂到 4 号蜂房有 5 条路线，到 3 号蜂房有 3 条路线，再到 5 号蜂房一共就有 8 条路线。

那么小蜜蜂爬到 6 号、7 号、8 号、9 号、10 号蜂房，分别有多少条不同的路线呢？

依据上面发现的规律我可以直接算出来。

小蜜蜂爬到 6 号蜂房的路线：5＋8＝13（条）；

小蜜蜂爬到 7 号蜂房的路线：8＋13＝21（条）；

小蜜蜂爬到 8 号蜂房的路线：13＋21＝34（条）；

小蜜蜂爬到 9 号蜂房的路线：21＋34＝55（条）；

小蜜蜂爬到 10 号蜂房的路线：34＋55＝89（条）。

22. 小蜜蜂爬蜂房

神奇大揭秘  同学们，通过前面的探究过程，你们发现了什么？一起来看看。

动手操作

这是小蜜蜂到各个蜂房所爬的不同路线的条数：1、2、3、5、8、13、21、34、55、89、…

观察这个数列，你有什么发现？

一起来交流

 我发现，前面两个数的和等于第3个数。比如：1+2=3，2+3=5，3+5=8，5+8=13，…

四个数、四个数地观察，你又发现了什么？

我发现，相邻的任意四个数一组，两端两个数的积与当中两个数的积都相差1。

比如1、2、3、5：$1×5=5$，$2×3=6$，积相差1；

再如8、13、21、34：$8×34=272$，$13×21=273$，积还是相差1。

像1、1、2、3、5、8、13、21、…这样的数列叫作斐波那契数列。

知识我会用

同学们，前面讲的方法你们都学会了吗？我来考考你。

如图，小蜜蜂要从自己所在的位置爬到6号蜂房，一共有多少条不同的路线？尝试写出所有的路线。

智慧小链接

 同学们，你们了解斐波那契数列吗？一起来看看。

斐波那契数列是意大利数学家列昂纳多·斐波那契提出的，它又叫兔子数列。如一对小兔子到第二个月长成大兔子，第三个月生下一对小兔子；每对小兔子到第二个月都长成大兔子，并且到第三个月都生下一对小兔子。假设这些兔子都没有死亡，且总能生育后代，那么，兔子的对数就构成了斐波那契数列。

月份（月）	1	2	3	4	5	6	7	8	9	10	11	…
兔数（对）	1	1	2	3	5	8	13	21	34	55	89	…

在自然界中，一些植物的花瓣、果实的数目等，都是非常符合斐波那契数列的。例如：树木的生长，一棵树苗一年以后长出一条新枝；第二年新枝"休息"，老枝依旧萌发；此后，老枝与"休息"过一年的树枝同时萌发，当年生的新枝则次年"休息"。这样，一棵树各个年份的枝数，便构成斐波那契数列。

 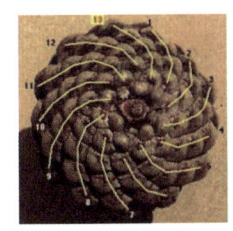 

23 神奇的数阵

扫码听讲解

数学真奇妙

同学们,今天我们来玩个数阵游戏,看看这个数阵是不是很神奇。

游戏规则

先任选一个数,然后把它所在的行和列上的其他数都删去;接着再取一个没有被删去的数,经过同样的几次操作后,留下四个数;最后算出这四个数的和。

3	8	5	4
27	32	29	28
12	17	14	13
18	23	20	19

只要你按照游戏规则取四个数,我就能立马猜到你取的这四个数的和,信不信?

我才不信你有这么厉害呢!你看,我先选择 3,去掉 3 所在的行和列上的其他数字;接着我选择 32,去掉 32 所在的行和列上的其他数字;再选择 14 和 19。

③			
	32	29	28
	17	14	13
	23	20	19

③			
	㉜		
		14	13
		20	19

③			
	㉜		
		⑭	
			19

你选的这四个数太简单了,它们的和是 68。

怎么可能这么快?我算一下:3+32+14+19=68。真是 68 呀!不行,再来一次。
这次我选择的是 8,27,13,20。

哈哈哈,真不凑巧,你这次选的这四个数的和也是 68。

8+27+13+20=68。你怎么又赢了!

我来试试。

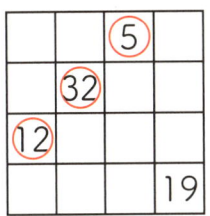

5+32+12+19=68,8+29+12+19=68,4+32+14+18=68。
好神奇呀!为什么选择的四个数不一样,它们的和却都是 68 呢?

这是为什么呢?我们来研究一下吧。

动手来探究

 同学们,它们的和为什么都是 68 呢?我们一起来探究。

动手操作

仔细观察他们在数阵中选择的数,你有什么发现?

一起来交流

 我发现,不管怎样选数,最后得到的四个数都是不同行、不同列的。

留下的四个数有什么特点呢?

 这个数阵是怎么设计的呢?

其实是用八个数设计了这个数阵,把横着的四个数与竖着的四个数分别相加,得到 16 个数。

	2	7	4	3
1	3	8	5	4
25	27	32	29	28
10	12	17	14	13
16	18	23	20	19

 我算过了,这个数阵外面的八个数的和也是 68。

神奇大揭秘

同学们,通过前面的探究过程,你们发现了什么?一起来看看。

动手操作

外面八个数的和是 68,它们与数阵里面留下的四个数有什么关系?

一起来交流

我发现,留下的四个数中的每一个数都等于外面不同的两个数的和,因此,四个数的和就等于外面八个数的和。

3 = 1 + 2
32 = 25 + 7
14 = 10 + 4
19 = 16 + 3

所以 3 + 32 + 14 + 19 = (1 + 2) + (25 + 7) + (10 + 4) + (16 + 3) = (1 + 25 + 10 + 16) + (2 + 7 + 4 + 3)。

真的呢，5＋32＋12＋19＝（1＋25＋10＋16）＋（2＋7＋4＋3）。

只要按照游戏规则，选择不同行、不同列的四个数，这四个数之和就等于外面八个数之和，因此不管怎么选这四个数，它们的和都相等。

如果我交换外面八个数的位置，结果会发生变化吗？如果不变，请证明你的结论。

❶ 先在下图中补全 16 个数。

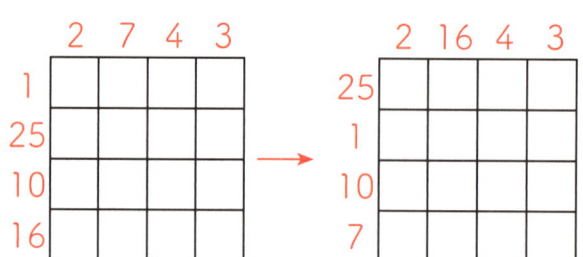

❷ 按规则圈出选中的四个数（不同行、不同列）。

❸ 计算：

❹ 我发现：

证明成功了，你真棒！虽然外面的八个数位置有变化，但只要数不变，它们的和就不变，那么选中的四个数之和也不会发生变化。

知识我会用  同学们，前面讲的方法你们都学会了吗？我来考考你。

创造自己的神奇数阵：经过同样的几次操作后，使留下的四个数的和等于100。

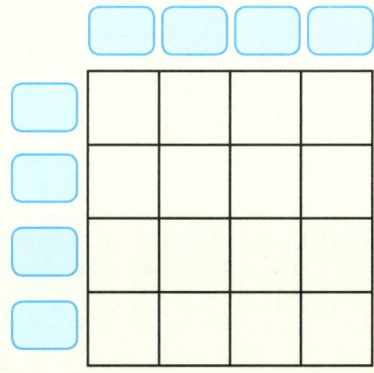

智慧小链接

同学们，下面我给大家讲一个和数阵有关的故事——国王的考验。

从前，有一位充满智慧的国王，他非常喜欢设计一些数学题来考验大臣。有一次，他选了八个数设计了下面这个数阵。请你仔细观察，该数阵是由哪些数设计出来的？填一填。

	□	□	□	□	□
□	11	12	8	9	10
□	8	9	5	6	7
□	12	13	9	10	11
□	3	4	0	1	2
□	10	11	7	8	9

这个数阵的突破口就是上数第四行的第三个数"0"，由此我们知道与之对应的方格纸外面的两个数分别都是0，从而知道了横着的五个数分别为3、4、0、1、2，竖着的五个数分别为8、5、9、0、7。

24 移多补少再研究

扫码听讲解

数学真奇妙  华华、侨侨，你们拿那么多苹果干什么呀？

 我们在计算。如果我有 14 个苹果，华华有 8 个苹果，那么我应该给华华几个苹果，我们才能一样多？

那最后你们是怎么分的呢？

 我们总共有 14＋8＝22（个）苹果，每人最终分到 22÷2＝11（个）。14－11＝3（个），我拿出 3 个苹果给华华，我们就一样多了。

我是用画图法解决的。

侨侨：🍎🍎🍎🍎🍎🍎🍎 🍎🍎🍎
华华：🍎🍎🍎🍎🍎🍎🍎 🍎🍎🍎
　　　　　同样多

相差个数　（14－8）÷2
移动个数　＝6÷2
　　　　　＝3（个）

侨侨只要把比我多的 6 个苹果，拿一半给我，我们俩就一样多了。

用画图法看着好简单呀！这不是我们之前学过的"移多补少"的问题吗？

是的，像这样将多的拿出一部分给少的，最终双方达到同样多，就是我们数学里面的"**移多补少**"问题。

动手来探究  那么相差个数和移动个数之间有什么关系呢？我们一起来探究。

一起来交流

通过实物图，我发现相差个数是移动个数的 2 倍。

侨侨：
华华：

相差 6 个，移动 3 个。

我也认为应该移动相差个数的一半，这样我们就同样多了。

多 6 个

侨侨：
华华：

 动手填一填，你发现了什么？

相差个数	6	8	10			m
移动个数				10	24	m

 你们很厉害，通过画图、列表找到了相差个数与移动个数之间的关系。于是，两者之间就有了这样的公式：

相差个数＝移动个数 ×2

移动个数＝相差个数 ÷2

  现在难度升级啦，上面的方法还适用吗？

如果现在华华和侨侨各有一些苹果，侨侨给华华6个后，两人就一样多了。原来侨侨比华华多几个苹果？

> 我来画线段图解答。（请你接着画）
> 侨侨：
>
> 华华：

> 侨侨给华华 6 个后两人一样多，如果华华还给他，那么侨侨就比华华多了 2 个 6 个。
> 因此，我列的算式是：_____。

> 6 个就是移动个数，因此相差个数就是 2 个 6。

> 仔细观察，这两道题有什么相同点和不同点？

华华和侨侨各有一些苹果，其中侨侨比华华多 6 个，那么侨侨应给华华几个苹果，他们才能一样多？ 侨侨：⎯⎯⎯⎯⎯⎯ 多 6 个 华华：⎯⎯⎯⎯ 6÷2=3（个）	如果现在华华和侨侨各有一些苹果，侨侨给华华 6 个后，两人就一样多了。原来侨侨比华华多几个苹果？ 侨侨：⎯⎯⎯⎯ 6 多？个 华华：⎯⎯⎯ 6 6×2=12（个）

> 一道是已知相差个数，求移动个数；
> 一道是已知移动个数，求相差个数。

知识我会用  同学们，前面讲的方法你们都学会了吗？我来考考你。

❶ 小丽有6本课外书，如果她送1本给小君，两人的课外书就一样多了。小君原来有多少本课外书？（遇到难题可以画画图！）

❷ 哥哥和弟弟各有一些糖果，哥哥给弟弟8颗后，还比弟弟多4颗。原来哥哥比弟弟多几颗糖果？

智慧小链接  同学们，你们找到"移多补少"的小技巧了吗？一起来看看。

要想将原来不相等的两个数量变得相等，首先要弄清"原来两个数量之间相差多少"，再将这个差平均分成两份，将其中的一份给少的一方。在解答时也可以反过来思考，根据具体情况分析题目中数量相差的关系，从而解决问题。

25 有趣的展开图

扫码听讲解

数学真奇妙  华华、侨侨、佳佳、慧慧，你们在研究什么呀？

一起来交流

 我们在研究 6 个正方形摆成怎样的平面图才能拼成正方体？

我发现 6 个正方形摆成一排是不能拼成正方体的。

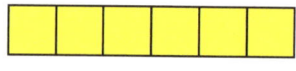 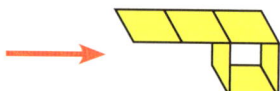

 我发现移动 1 个正方形也不行。无论怎么拼总有 1 个面会没有，但旁边又总会多出 1 个面。

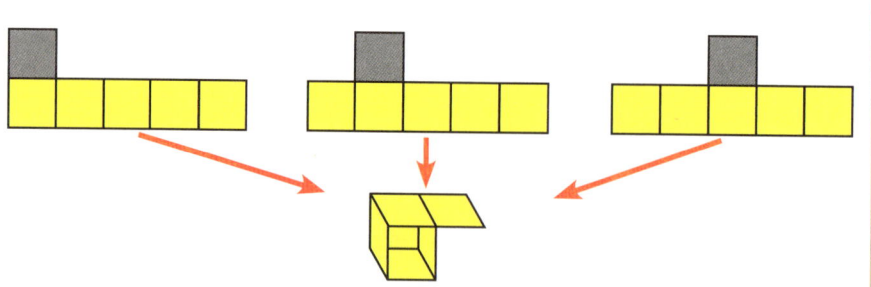

移动 1 个正方形不能拼成正方体，那如果移动 2 个或者 3 个可不可以呢？利用正方形磁力片动手摆一摆，揭开正方体展开图的秘密吧。

  6个正方形到底摆成什么样的平面图才能拼成正方体呢？我们一起来探究。

动手操作

你能设计出多少种正确的正方体展开图？快把你设计的展开图画下来吧！

利用磁力片一边设计，一边记录（用彩色笔将格子涂满）。

思考：怎样才能有序地设计呢？

可以邀请你的爸爸、妈妈一起参与哦！你如果找到规律了，可以不用摆直接画下来！

一起来交流

 我固定中间 4 个正方形作为侧面，移动 2 个正方形作为上下底面。

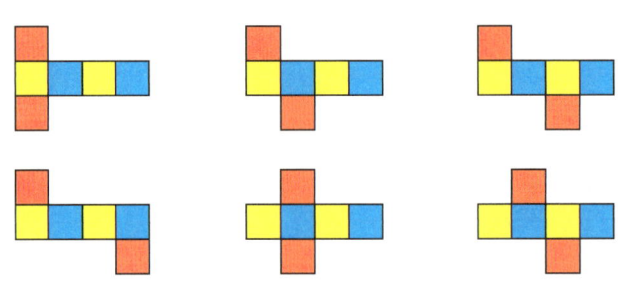

这样依次移动 2 个正方形，我一共拼出了 6 种情况。

哇，好棒呀！我们可以把这种情况称为"1＋4＋1"型。你摆得很有规律呀！

 我是固定中间 3 个正方形作为侧面，下面 2 个正方形，上面 1 个正方形。

那么我摆的就是"1＋3＋2"型，共有 3 种情况。

我摆了 2 种造型：

"3＋3"型	"2＋2＋2"型
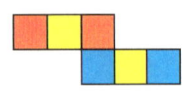	
6 个正方形平均分为两行，只有 1 个正方形相连，只有 1 种情况。	6 个正方形平均分为三行，每行 1 个正方形相连，只有 1 种情况。

神奇大揭秘

同学们，通过前面的探究过程，你们发现了什么？一起来看看。

动手操作

前面讲的这些展开图都能拼成正方体吗？能拼成正方体的展开图有什么共同的特征呢？

一起来交流

在正方体展开图中，一条直线上的正方形个数不能超过几个呢？我们来看一下。

下面的几种都不可以。

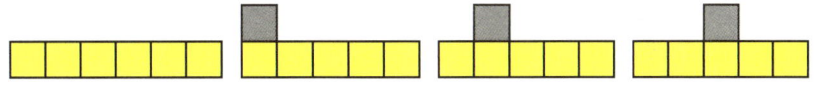

1. 对面相隔不相连。如图（1），1号面与3号面是对面，中间隔了一个2号面，对面的一定不相连。
2. "Z"端是对面。如图（2），A与B是对面。
3. 相连、拐角是邻面。如图（3），1与2、2与3、1与3互为邻面。

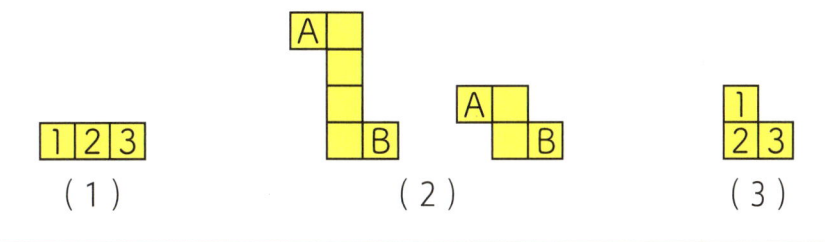

（1）　　　　（2）　　　　（3）

考考你们，下面的三幅图可以拼搭成正方体吗？为什么？

 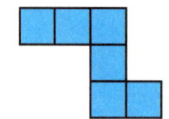 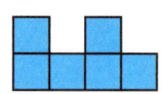

❶ 请利用磁力片搭一搭，验证你的想法。
❷ 请移动其中 1 个或几个正方形使它能拼搭成正方体。

 在正方体展开图中不会出现"7"字形、"凹"字形和"田"字形，形如：

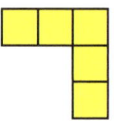 

知识我会用

 同学们，前面讲的方法你们都学会了吗？我来考考你。

❶ 你能在下面的展开图中找到相对的两个面吗？请涂上相同的颜色。

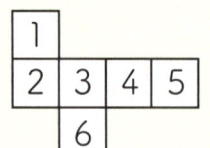  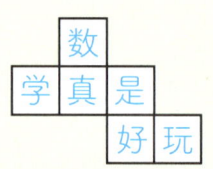

 先确定其中的 1 个正方形作为底面，这样各自找相对的面就容易多了。

❷ 如图，下面正方体的展开图为（　　）。

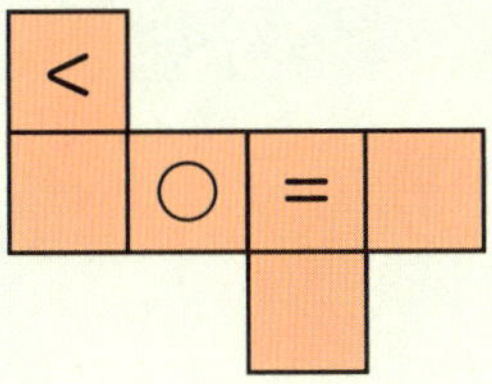

A 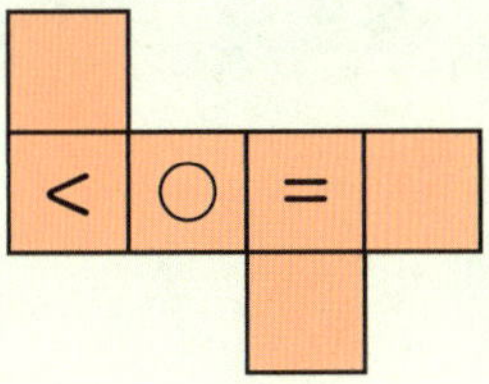　　B

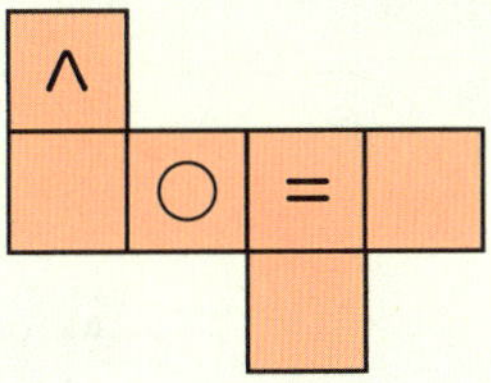

C 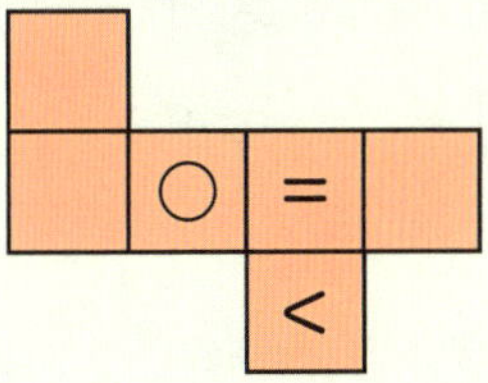　　D

智慧小链接

同学们，你们掌握了正方体展开图的秘密了吗？它是有口诀的哦！

正方体展开图口诀

中间四个成一行，两边各一无规矩；

二三紧连错一个，三一相连一随意；

两两相连各错一，三个两排一对齐。

一条线上不过四，田七和凹要放弃；

相间之端是对面，间二拐角面相邻。

26 周长与面积

扫码听讲解

数学真奇妙  同学们,今天我们来研究一下图形的周长与面积。

动手操作

以前我们就学习过图形的周长与面积,借助右侧这个长方形,快来说说什么是周长和面积吧!

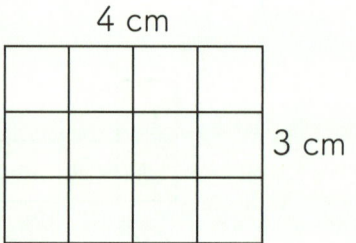

一起来交流

 周长指的是图形一周的长度,因此这个长方形的周长是(4+3)×2=14(cm)。

面积指的是图形表面的大小。这个长方形的面积是 4×3=12(cm^2)。

 你们讲得真棒!我相信图形的周长与面积难不倒大家。那么,如果我在这个长方形中剪去一个比它小的正方形或长方形,剩余部分的周长和面积又会发生怎样的变化呢?

26. 周长与面积

在大长方形中剪去一个比它小的正方形或长方形，剩余部分的面积和周长会发生怎样的变化？请将正确答案圈起来。

（1）剩余部分的面积比原来的长方形（大　小）。

（2）剩余部分的周长比原来的长方形（长　短）。

剪去一个小正方形或长方形，剩余部分的面积肯定会变小呀！

我觉得周长也会变短。

你们讲得不完全对，面积确实会变小，周长不一定哦！周长会发生怎样的变化呢？一起来研究吧！

动手来探究

同学们，剩余部分的周长会发生怎样的变化呢？我们一起来探究。

动手操作

在大长方形中剪去一个比它小的长方形（或正方形），剩余部分的周长会发生怎样的变化呢？

实验：准备几张同样大小的长方形纸片。

（1）剪：在纸片上剪去一个长方形（或正方形）；

（2）涂：用红笔画出剩余图形的周长，用蓝笔画出剩余图形的面积；

（3）想：面积变小，周长怎么变？

看，我在长方形纸片的四个角上分别剪去一个小正方形，剩下的部分可以通过平移将不规则图形转化成长方形来计算周长，发现剩余部分的周长都和原来的周长一样长。

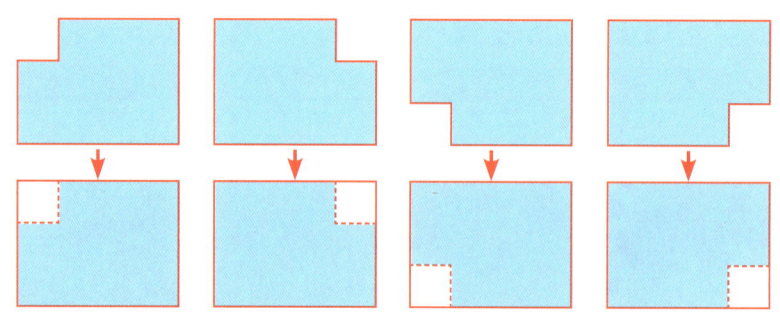

我也剪了四个，剩余部分的周长比原来的长方形长。

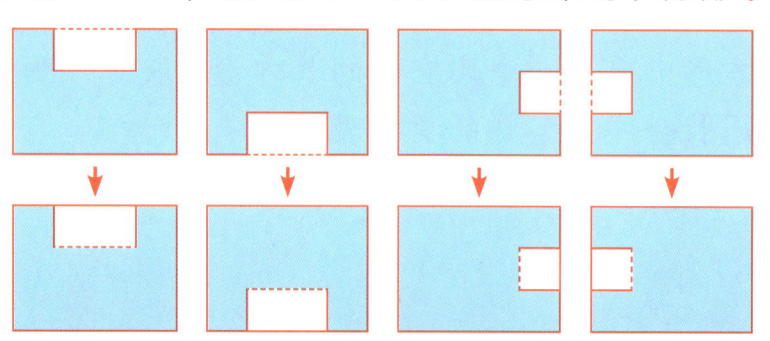

我有不一样的结论，我沿着边剪去一个长方形，剩下的部分是正方形或长方形，它的周长比原来的<u>短</u>。

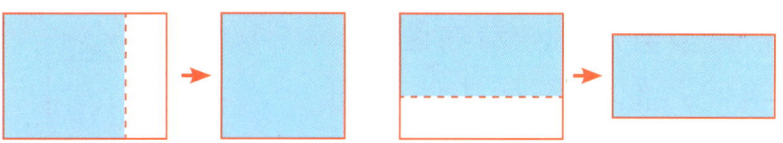

神奇大揭秘

剩余部分的周长竟然会发生这么多变化！这其中有什么规律吗？

一起来交流

在一个长方形中剪去一个较小的长方形或正方形，剩余部分的周长有三种情况：（1）在长方形的任意一个角上剪去一个较小的长方形或正方形，剩余部分的周长不变；（2）在长方形的任意一条边上剪去一个较小的长方形或正方形，剩余部分的周长变长；（3）沿着长方形的任意一边剪去一个长方形，剩余部分是长方形或正方形时，剩余部分的周长变短。

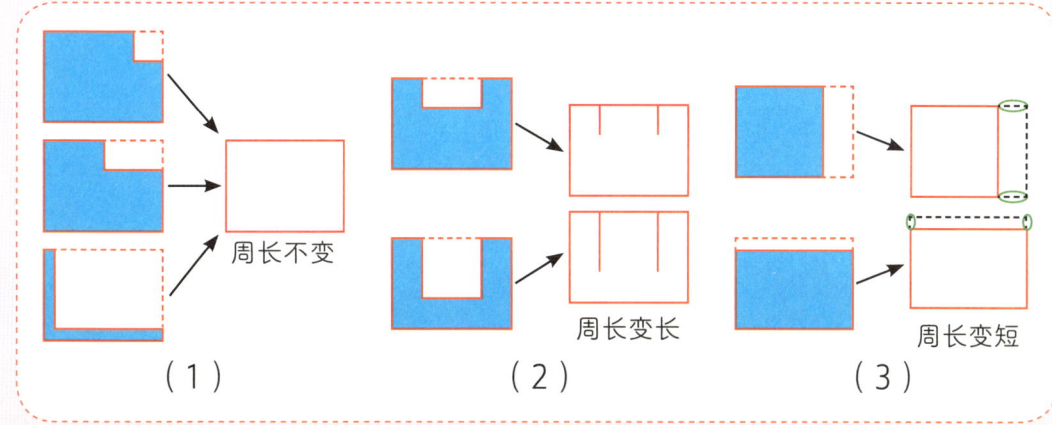

（1）周长不变　（2）周长变长　（3）周长变短

哇，照这样的规律，要使剩余部分的周长不变，我就可以有更多剪法啦！看右图。同学们，你们还有其他不同的剪法吗？

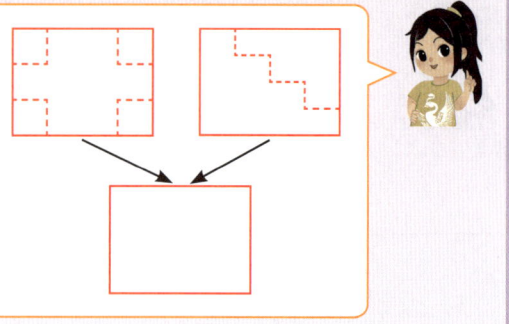

知识我会用  同学们，前面讲的方法你们都学会了吗？我来考考你。

❶ 对于下面两个图形，算式"6×4+3×2"分别计算的是什么？（单位：cm）

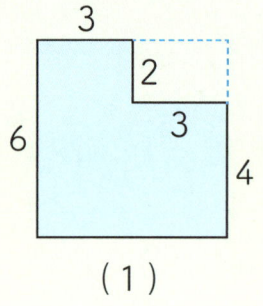

（1）

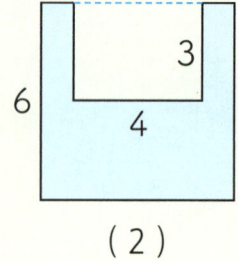

（2）

❷ 请分别计算上面两个图形的周长和面积。

智慧小链接

你们知道有些图形的面积计算公式是如何推导的吗？来看看吧。

有关长方形的周长和面积的知识是小学阶段图形与几何知识的基础，将来还会学到很多其他图形的相关知识。比如平行四边形、三角形、梯形和圆形等，这些图形的面积是怎样计算的呢？它们其实都和长方形的面积有关，看：

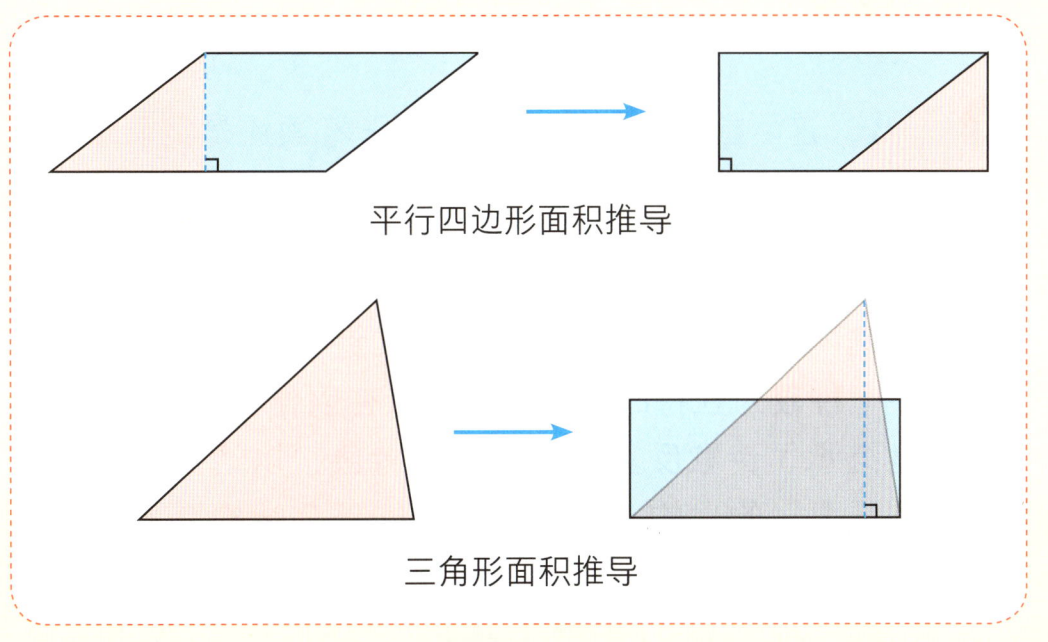

平行四边形面积推导

三角形面积推导

27 有趣的回文算式

扫码听讲解

数学真奇妙  同学们,我国古代的文人写了很多有意思的诗歌。一起来看看。

 读一读

春
莺啼岸柳弄春晴,
柳弄春晴夜月明。
明月夜晴春弄柳,
晴春弄柳岸啼莺。

秋
秋江楚雁宿沙洲,
雁宿沙洲浅水流。
流水浅洲沙宿雁,
洲沙宿雁楚江秋。

 一起来交流

 哇,这两首诗好神奇啊!无论正着读还是倒着读,都一样呢!

是的,这两首诗是"回文诗"。回文诗是我国古典诗歌中一种较为独特的体裁。回文诗在创作手法上,突出地继承了诗歌反复咏叹的艺术特色,以达到其"言志述事"的目的,产生强烈的回环叠咏的艺术效果。

其实，数学中也有这样有意思的现象，我们称之为回文算式。

12×42=24×21　　26×31=13×62
34×86=68×43　　42×48=84×24

看，这几道就是回文算式。我们从左往右读一读，再从右往左读一读，你会发现都一样。像这样的回文算式你们会写吗？

我会，我会，只要写一道乘法算式再把它反过来写就好啦。看：35×27=72×53。这太简单了。

回文算式可不仅仅是把数字倒着写就可以的，我们还要看看等号两边是否相等。35×27=945，72×53=3816，说明你写的两道算式不能用等号连接。

  同学们，回文算式中到底藏着什么秘密呢？我们一起探究。

仔细观察下面这些回文算式，你有什么发现？

12×42=24×21　　26×31=13×62
34×86=68×43　　42×48=84×24

> 一起来交流

我发现，这些回文算式左右两边十位上的数相乘是相等的。

这些回文算式左右两边个位上的数相乘也是相等的。

不仅如此，个位相乘的积还等于十位相乘的积。

我把 12×42＝24×21 两边的算式都列竖式计算，发现左右两道竖式，个位上都是4，百位上都是4，十位上都是2和8，关键是十位上两次相乘的积也相等。因此结果都是504。

```
   12        24
  ×42       ×21
   24        24
  48        48
  504       504
```

你们说得都非常好，我们来梳理一下：

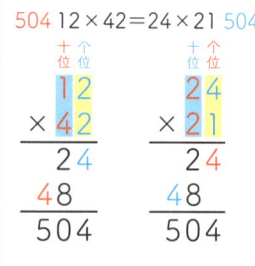
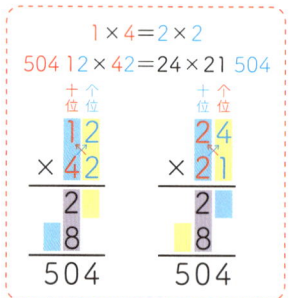

通过刚才的研究我们发现：若左边算式中十位上的数相乘的积与个位上的数相乘的积相等就能保证与右边的算式计算的积相等。

是不是其他的回文算式也有这样的规律呢？我们来验证一下：

26×31＝13×62　　　2×3＝1×6
34×86＝68×43　　　3×8＝4×6
42×48＝84×24　　　4×4＝2×8

每道回文算式都符合规律：**十位上的数相乘的积与个位上的数相乘的积相等**。

其实上面这些算式，如"2×3＝1×6"是利用"二三得六""一六得六"这样积相等的两句乘法口诀得到的。

神奇大揭秘

同学们，通过前面的探究过程，你们发现了什么？一起来看看。

动手操作

在乘法口诀表中，除了上面这些积相等的口诀，还有其他积也相等的口诀吗？

我把乘法口诀表中积相等的口诀都用算式表示出来啦！你们看：
$1×4=2×2$　　　$1×6=2×3$　　　$1×8=2×4$
$1×9=3×3$　　　$2×6=3×4$　　　$2×9=3×6$
$2×8=4×4$　　　$3×8=4×6$　　　$4×9=6×6$

请你根据其中的一句口诀编一道两位数乘两位数的乘法回文算式。

我选择：$2×9=3×6$。
回文算式：$23×96=69×32$　　　$69×32=23×96$
　　　　　$26×93=39×62$　　　$62×39=93×26$
　　　　　$32×69=96×23$　　　$96×23=32×69$
　　　　　$39×62=26×93$　　　$93×26=62×39$
先确定第一个因数的十位，然后有序地排列就可以了。你也来试一试吧！

其实，两位数乘三位数也可以编写回文算式，比如 $42×132=231×24$；$96×253=352×69$；$12×462=264×21$；$93×286=682×39$。其中的道理很简单：把 132 看成 $12×11$，231 看成 $21×11$，那么算式就变成了 $42×12×11=21×11×24$，根据积的变化规律，两边都去掉一个 11，就成了 $42×12=21×24$。

$42×132=231×24$
$42×12×11=21×11×24$
$42×12×11=21×24×11$
$42×12=21×24$

知识我会用

 同学们，前面讲的方法你们都学会了吗？我来考考你。

❶ 下面左右两组算式能组成回文算式吗？能组成的在（ ）里画"√"。

（1）24×5　　5×42　　　　　　　　（　）
（2）15×6　　6×51　　　　　　　　（　）
（3）24×84　　48×42　　　　　　　（　）
（4）69×46　　64×96　　　　　　　（　）
（5）12×462　　264×21　　　　　　（　）

❷ 根据"8×3=6×4"，你能编出多少道两位数乘两位数的回文算式？请写一写。

❸ 根据"2×9=3×6"，你能编一道三位数乘两位数的回文算式吗？

智慧小链接

 同学们，你们知道回文诗都有哪些形式吗？一起来看看。

回文诗，也叫"回环诗"，顾名思义，就是能够回环往复，正读倒读皆成章句的诗篇。回文诗是中华文化独有的一朵奇葩，它有很多种形式，如"通体回文""就句回文""双句回文""本篇回文""环复回文"等。

"通体回文"是指一首诗从末尾一字读至开头一字另成一首新诗。

"就句回文"是指一句内完成回复的过程，每句的前半句与后半句互为回文。

"双句回文"是指下一句为上一句的回读。

"本篇回文"是指一首诗词本身完成一个回复，即后半篇是前半篇的回复。

"环复回文"是指先连续至尾，再从尾连续至开头。

相 思

静思伊久阻归期，久阻归期忆别离；
忆别离时闻漏转，时闻漏转静思伊。

采 莲

采莲人在绿杨津，在绿杨津一阕新；
一阕新歌声漱玉，歌声漱玉采莲人。

28 闰年与闰月

扫码听讲解

数学真奇妙  同学们,今天怎么这么热闹啊?原来是慧慧的生日!

一起来交流

 慧慧,生日快乐!

 生日快乐!

 谢谢你们的祝福!

慧慧,这是你第十个生日吧。你们知道吗,我每次生日都过,可到现在才过了两个生日呢!

 这是为什么呢?

我猜你是 2 月 29 日生日。因为你出生的那年是闰年。

 闰年的 2 月 29 日出生就要少过生日吗?这是怎么回事?

佳佳,你可以每年过农历的生日,如果运气好的话一年还可以过两个生日呢!因为有时会出现闰月。

 你们说的闰年、闰月到底是什么?听起来好神奇呀!

闰年与地球绕太阳公转的周期有关,
闰月与月球绕地球公转的周期有关。

动手来探究

 同学们,闰年和闰月到底是怎么回事呢?我们一起来探究。

仔细观察下面这两个月历卡片,你有什么发现?

 一起来交流

 我发现，2月20日下面写着"二月"，每个数字下面都有文字，它们是什么意思呢？

我发现，3月22日下面写着"闰二月"，它又是什么意思呢？

 你们看到的日期下面的文字就是我们所说的农历对每月天数的记录。我国古代所行的历法——农历属于阴阳合历，农历月份是配合月象的圆缺，而年要配合四季寒暑的变换。你看到的"闰二月"就是闰月。**闰月是我们的祖先在编创历法时的独特创举**，是为了协调回归年与农历年的矛盾。

 请你查阅万年历，先填一填，再算一算。

（　　）年农历每月天数统计

月份												
天数												

算一算这一年一共有（　　　）天。

 我们把近几年的农历每月天数进行整理，你有什么新的发现吗？

年份	1月	2月	3月	4月	5月	6月	7月	8月	9月	10月	11月	12月	合计
2020年	29	30	30	30/29	30	29	29	30	29	30	29	30	384
2021年	29	30	30	29	30	29	30	29	30	29	30	29	354
2022年	30	29	30	29	30	30	29	30	29	30	29	30	355
2023年	29	30/29	29	30	30	29	30	30	29	30	29	30	384
2024年	29	30	29	29	30	29	30	30	29	30	30	29	354
2025年													
2026年													

  观察上面的表格，你发现了什么？都来说一说吧。

 我发现，按照我们农历的算法，一年的天数会有"384天""354天"和"355天"，为什么有的年份会有闰月出现呢？它跟闰年有什么关系？

我们先来了解闰年。

28. 闰年与闰月

我总是绕着太阳转动，转一周大约要用 365 天 5 时 48 分 46 秒 ≈ 365 天。

一年定为 365 天（平年），这样每年少了大约 6 时，每四年少 24 时＝1 天，每四年要增加 1 天，一年定为 366 天，这就是闰年。

年份	2017	2018	2019	2020	2021	2022	2023	2024	2025
天数	365 天	365 天	365 天	366 天	365 天	365 天	365 天	366 天	365 天

约少 6 时　约少 6 时　约少 6 时　约少 6 时
约少 24 时＝1 天
四年一闰

这样还有一个问题，原来一年多出的是 5 时 48 分 46 秒，四年应该还不足 24 时呀。如果每四年都增加一天不是又多算了时间吗？

这个问题提得好。按照每四年一个闰年计算：
一年多算 11 分 14 秒，
四年多算 44 分 56 秒，
一百年多算 18 时 43 分 20 秒。
因此规定：公历年份是 4 的倍数的一般都是闰年；但公历年份是整百数时，必须是 400 的倍数才是闰年；不是 400 的倍数的世纪年，即使是 4 的倍数也不是闰年。
这就是通常所说的：四年一闰，百年不闰，四百年又闰。

哦，我明白了。所以 2000 年是闰年，2100 年则是平年。

 现在我们来了解闰月的来历。
古人用阴历来计算时间，它是按月亮的月相周期来安排的历法。
月球绕地球一周，为一个月。
月球绕地球一周所需时间：29 天 12 时 44 分 2 秒 8。
如果按这样计算，一年只有 354 天 8 时 48 分 33.6 秒。

按公历计算，一年是 365 天或 366 天；可是按农历计算，一年大约只有 354 天，相差了 11 或 12 天呢。

 是的，农历用着用着出了问题。这反映在古代生活中最直接的影响就是一年过完了，四季还没轮完。

28. 闰年与闰月

哦，这个我明白，就是说某年的农历2、3、4月是春季，但过个十几二十年，春季就跑到7、8月去了。

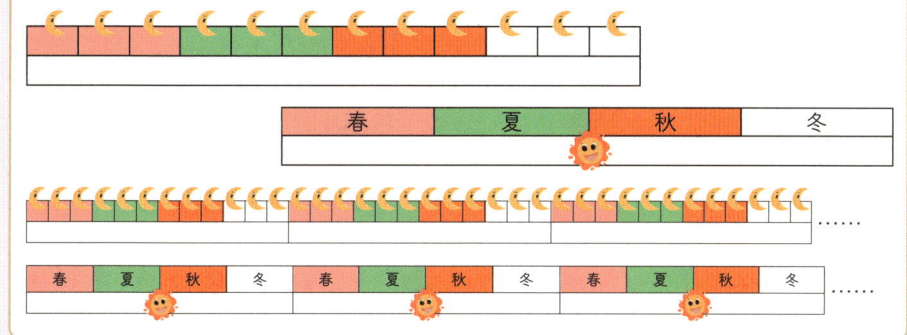

没错，古代中国可是农业社会，气候变化直接指导着农事。要是春耕秋收的日子每年都不一样，农民伯伯可受不了。

为了让历法跟四季轮回对上节奏，古人决定人为地增加一年的长度，因此设置了闰月。

我们为什么要在7、8月播种呢？

噢，原来闰月是这样来的。

一年中多出来的一整个月，也就是新的历法中会出现一年有 13 个月 的情况。而在农历中闰月出现在哪个月之后就叫闰几月。比如2017年的闰月出现在农历的六月之后，就叫闰六月。

古人是按照**十九年七闰**的方法来设置闰月的。这样做是为了使每年的平均长度和地球的公转周期大致相等。

十九年七闰的规定又是怎么来的呢?

下面我整理了 2001~2038 年的一些时间信息,我们观察比较一下,理解起来就容易了。

年份	春节	除夕	天数	闰月	年份	春节	除夕	天数	闰月
2001 年	1.24	2.11	384 天	四月	2020 年	1.25	2.11	384 天	四月
2002 年	2.12	1.31	354 天		2021 年	2.12	1.31	354 天	
2003 年	2.1	1.21	355 天		2022 年	2.1	1.21	355 天	
2004 年	1.22	2.8	384 天	二月	2023 年	1.22	2.9	384 天	二月
2005 年	2.9	1.28	354 天		2024 年	2.10	1.28	354 天	
2006 年	1.29	2.17	385 天	七月	2025 年	1.29	2.16	384 天	六月
2007 年	2.18	2.6	354 天		2026 年	2.17	2.5	354 天	
2008 年	2.7	1.25	354 天		2027 年	2.6	1.25	354 天	
2009 年	1.26	2.13	384 天	六月	2028 年	1.26	2.12	384 天	七月
2010 年	2.14	2.2	354 天		2029 年	2.13	2.2	355 天	
2011 年	2.3	1.22	354 天		2030 年	2.3	1.22	354 天	
2012 年	1.23	2.9	384 天	四月	2031 年	1.23	2.10	384 天	四月
2013 年	2.10	1.30	355 天		2032 年	2.11	1.30	355 天	
2014 年	1.31	2.18	384 天	九月	2033 年	1.31	2.18	384 天	十一月
2015 年	2.19	2.7	354 天		2034 年	2.19	2.7	354 天	
2016 年	2.8	1.27	355 天		2035 年	2.8	1.27	354 天	
2017 年	1.28	2.15	384 天	六月	2036 年	1.28	2.14	384 天	六月
2018 年	2.16	2.4	354 天		2037 年	2.15	2.3	354 天	
2019 年	2.5	1.24	354 天		2038 年	2.4	1.23	354 天	
合计			6940 天					6939 天	

28. 闰年与闰月

观察左右两边的表格，你一定会有不少新的发现吧！再动笔算一算公历天数和农历天数。

38 年农历总天数：
$384×13+385+354×18+355×6$
$=4992+385+6372+2130$
$=13879$（天）

38 年公历总天数：
$365×29+366×9$
$=10585+3294$
$=13879$（天）

古人真的好厉害呀！闰月的出现，让农历、公历的总天数保持一致了。

$365－354＝11$ 天，19 年就差了 $19×11＝209$ 天 $≈$ 7 个月。因此每 19 年补上 7 个闰月。也就是平均 2、3 年出现一次闰月。因此就有了"三年一闰，五年两闰，十九年七闰"的说法。

知识 我会用

同学们，前面讲的知识你们都掌握了吗？我来考考你。

你能圈出下面是闰年的年份吗？

1994　　2016　　1900　　2010　　2000

2022　　1978　　2008　　1536

智慧小链接

大家在讨论什么呢？原来在讨论第194页的表格呀！

博士，我看到2004年既是闰年又有闰月，而且2012年、2020年、2028年、2036年也是这样。难道每8年都会重复一次吗？

我发现2001年除夕是2月11日，19年后，2020年除夕也是2月11日。表格的左右两边的信息几乎是一致的，难道19年会是一个轮回吗？

你们真的很会观察！在每19个回归年内，公历共有6940天，精确时间为6939天14时26分34秒，而农历在同一时期内，共有235个农历月，共有6940天，精确时间为6939天16时31分45秒。天数基本相等，农历只比公历多2时5分11秒。因此，一年内农历的月、日和公历的月、日的互相循环对应重合，基本上每隔19年重复一次。阴历生日和阳历生日一般19年重合一次，但是要注意，很多时候并不是19年整，有时候会出现多一天或是少一天的情况。真正19年一次重合的反而很少，有些人可能一辈子都遇不上完全重合的。

参考答案

❶ 轴对称图形

知识我会用

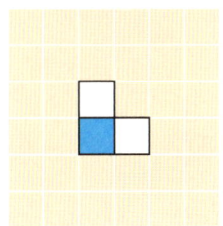 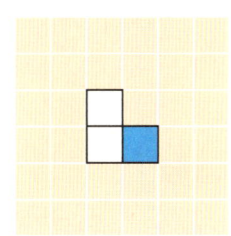 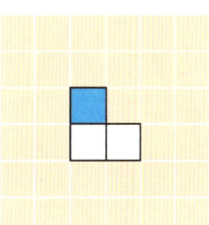

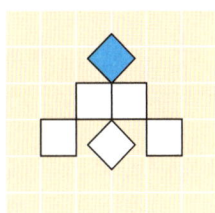 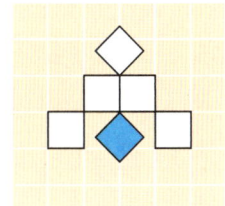 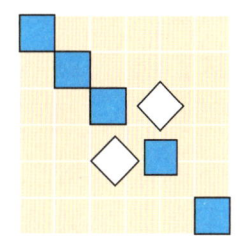

蓝颜色中的任何一个小正方形去掉都可以。

❷ 巧妙的加法

知识我会用

❶ 3996　　❷ 1899

智慧小链接

4、2、1（或4、5、5，答案不唯一）

③ 二十四节气

> 知识我会用

❶ 既是节气又是传统节日的是清明和冬至。
清明是中华民族古老的传统节日之一，它既是扫墓祭祖的肃穆节日，也是人们亲近自然、踏青游玩、享受春天乐趣的欢乐节日。（或"冬至被视为冬季的大节日，在民间有"冬至大如年"的说法，因此国人称冬至为'冬节'或'亚岁'。"）（答案不唯一）

❷ 与二十四节气相关的习俗活动：
夏至：夏至吃面是北方的习俗，南方则可能是凉粉、绿豆汤等清凉食物，以应对炎热的天气。
立秋：有"贴秋膘"的说法，人们会在立秋这天吃一些高热量的食物，如炖肉，以补充夏天消耗的能量。
立冬：立冬时吃饺子是许多地区的习俗。饺子形似耳朵，有保护耳朵免受寒冷侵袭的寓意。
（答案开放，符合题意即可）

---

④ 巧数图形

> 知识我会用

4+3+2+1=10（个）。

---

⑤ 相遇问题

> 知识我会用

❶ 将甲、乙两人走的路程进行比较，发现乙前3天走的比甲少，

第4天两人走的路程一样多，接下来3天乙走的路程比甲多。

算式：1+3+3=7（天）。

❷ 将小明和小亮两人走的路程进行比较，发现小亮前20分钟走的比小明多，第21分钟两人走的一样多，接下来20分钟小亮走的路程比小明少。

算式：1+20+20=41（分钟）。

智慧小链接

（18−3）÷（14−11）=5（个）；

5个月后他俩攒的钱数一样多。

6 变化中的图形周长

知识我会用

20+2×8=36（cm）。

智慧小链接

略

7 空瓶换果汁

知识我会用

❶ 15÷（4−1）=5（瓶）。

❷ 24÷（5−1）=6（瓶）。

8 长绳测井深

神奇大揭秘

试一试

图（1），绳长为（6+10）×2=32（米）；
图（2），绳长为（7+6）×3=39（米）；
图（3），绳长为（5+4）×4=36（米）。

知识我会用

❶ 24÷2−5=7（米），24÷3−7=1（米）。
❷ 井深：（6×2−1×4）÷（4−2）=4（米）；
　绳长：（4+6）×2=20（米）或（4+1）×4=20（米）。

智慧小链接

井深：（4×3−1×4）÷（4−3）=8（尺）；
绳长：（8+4）×3=36（尺）或（8+1）×4=36（尺）。

9 高斯求和

知识我会用

❶ 1+2+3+…+19+20=（1+20）×20÷2=210。
❷ 2+3+4+5+6+7+8+9+10+11=（2+11）×10÷2=65（根）。
❸ 2+4+6+8+…+98+100=2550 有 50 项，1+3+5+7+9+…+99 也有 50 项，但第二道算式的每一项都比第一道算式的每一项少1，因此 1+3+5+7+9+…+99=2550−50=2500。

⑩ 怎么剪最多

知识我会用

❶ 32÷10=3（个）……2（cm），24÷4=6（个），3×6=18（个）。

❷ 32÷8=4（个），24÷6=4（个），4×4×2=32（个）。

❸ 16÷5=3（个）……1（cm），13÷6=2（个）……1（cm），
3×2×2=12（个）。

---

⑪ 巧求面积

知识我会用

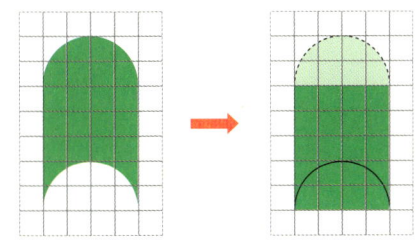

5×4=20（cm²）；

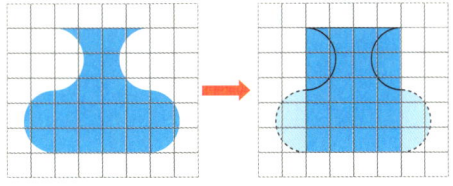

5×4=20（cm²）。

两个图形的面积相等。

智慧小链接

3×3=9（cm²），9+1=10（cm²）。

12 正方形的个数问题

知识我会用

1. $6^2+5^2+4^2+3^2+2^2+1^2=91$（个）。

2. $5+4+2=11$（个）。

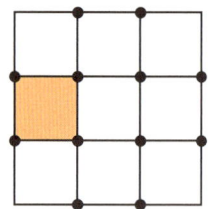 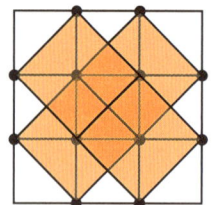 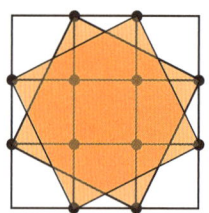

智慧小链接

略

---

13 寻找最大的积

知识我会用

能写出12道：$420×53$、$430×52$、$532×40$、$432×50$、

$530×42$、$520×43$、$523×40$、$423×50$、

$503×42$、$502×43$、$402×53$、$403×52$；

积最大的算式：$520×43$ 或 $430×52$。

智慧小链接

略

14 数字华容道

知识我会用

略

---

15 有意思的平方差

知识我会用

❶ $7^2-2^2=(7+2)×(7-2)=45$；

$11^2-10^2=(11+10)×(11-10)=21$；

$25^2-24^2=(25+24)×(25-24)=49$；

$15^2-10^2=(15+10)×(15-10)=125$；

$50^2-40^2=(50+40)×(50-40)=900$；

$100^2-99^2=(100+99)×(100-99)=199$。

❷ 阴影部分的面积：$(10^2-6^2)÷2=32$（cm^2）。

---

16 数字搭配问题

知识我会用

❶ 208、280、802、820，2×2×1=4（个）。

❷ 6 7 8　（6）次，3×2×1=6（次）；

 0 1 2　（6）次，3×2×1=6（次）；

 0 0 7　（3）次，2×2×1-1=3（次）。

17 蚂蚁分家

知识我会用

❶

❷

18 神奇的数字黑洞

知识我会用

❶ 300−003=297，972−279=693，

963−369=594，954−459=495。

❷ 数字、过程不唯一，结果为6174。

如1、2、3、4：4321−1234=3087，8730−0378=8352，

8532−2358=6174。

又如3、5、7、8：8753−3578=5175，7551−1557=5994，

9954−4599=5355，5553−3555=1998，

9981−1899=8082，8820−0288=8532，

8532−2358=6174。

19 神奇的142857

知识我会用

❶ 142857×16=2285712　　❷ 142857×29=4142853
❸ 142857×28=3999996

---

20 购票学问多

知识我会用

❶ 方案一：分开购（用现金购票）。
　　　　60×1+40×3=180（元）。

　方案二：组合购（用银行卡+现金购票）。
　　　　45×2+40×2=170（元）。

　方案二最划算。

❷ 3个成人用银行卡购票，3个儿童购买儿童票。
　45×3+40×3=255（元）。

❸ 方案一：买个人票。34×10=340（元）。

　方案二：包场。共300元。

　包场最划算。

❹ 方案一：买团体票。（4+40）×6=264（元）。

　方案二：4张成人票，40张儿童票。
　　　　10×4+5×40=240（元）。

　方案三：买10张团体票，34张儿童票。
　　　　6×10+5×34=230（元）。

　方案三最划算。

21 棋盘游戏

> 知识我会用

（6+10+9+8）×2+7=73（个）（方法不唯一）

---

22 小蜜蜂爬蜂房

> 知识我会用

共 13 条，分别是：

M → 1 号 → 2 号 → 4 号 → 6 号；

M → 2 号 → 4 号 → 6 号；

M → 1 号 → 2 号 → 3 号 → 4 号 → 6 号；

M → 2 号 → 3 号 → 4 号 → 6 号；

M → 1 号 → 3 号 → 4 号 → 6 号；

M → 2 号 → 4 号 → 5 号 → 6 号；

M → 2 号 → 3 号 → 5 号 → 6 号；

M → 2 号 → 3 号 → 4 号 → 5 号 → 6 号；

M → 1 号 → 2 号 → 3 号 → 4 号 → 6 号；

M → 1 号 → 2 号 → 3 号 → 5 号 → 6 号；

M → 1 号 → 3 号 → 5 号 → 6 号；

M → 1 号 → 2 号 → 4 号 → 5 号 → 6 号；

M → 1 号 → 2 号 → 3 号 → 4 号 → 5 号 → 6 号。

23 神奇的数阵

知识我会用

	10	15	20	25
5	15	20	25	30
10	20	25	30	35
0	10	15	20	25
15	25	30	35	40

（答案不唯一，只要数阵外面的八个数之和为 100 即可）

24 移多补少再研究

知识我会用

❶ 6−（1×2）=4（本），小君原来有 4 本课外书。

❷ 8×2+4=20（颗），原来哥哥比弟弟多 20 颗糖果。

25 有趣的展开图

知识我会用

❶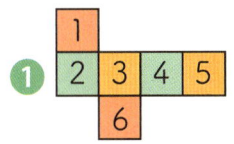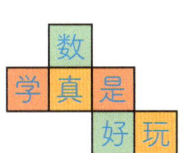

❷ A

26 周长与面积

知识我会用

❶ 图（1）：6×4+3×2 计算的是图形的面积；
图（2）：6×4+3×2 计算的是图形的周长。

❷ 图（1），周长：6×4=24（cm）；
面积：6×4+3×2=30（cm^2）。
图（2），周长：6×4+3×2=30（cm）；
面积：6×6−4×3=24（cm^2）。

27 有趣的回文算式

知识我会用

❶ （3）√　　（5）√

❷ 86×34=43×68　84×36=63×48　34×86=68×43
36×84=48×63　68×43=34×86　63×48=84×36
43×68=86×34　48×63=36×84

❸ 253×96=69×352。（答案不唯一）

28 闰年与闰月

知识我会用

2016、2000、2008、1536。